Just Look 'n Learn
SPANISH
PICTURE DICTIONARY

1,500 Words for Beginning Spanish Learners

Learn to Tell Time– Learn to Count

Illustrations and Example Sentences for Each Entry

5 cinco

Illustrated by
Daniel J. Hochstatter

SRA

A Division of The McGraw-Hill Companies

Columbus, Ohio
Chicago, Illinois

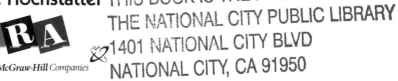

Who is in this book?

Tomás
Thomas

Tía Alicia
Aunt Alice

Tío Eduardo
Uncle Edward

María
Mary

Susana
Susan

Madre y Padre
Mother and Father

Abuelo y Abuela
Grandfather and Grandmother

Roberto
Robert

Elena
Helen

Jaimito
Jimmy

Guillermo
William

Esteban
Steven

Send all inquiries to:
SRA/McGraw-Hill
P.O. Box 812960
Chicago, IL 60681

Printed in the United States of America.

ISBN 0-8442-7052-0

6 7 8 9 RRW 05 04

What is in this book?

The *Words and Pictures* start on the next page.

Each entry shows how someone who lives in a place where Spanish is spoken would say the English word and example sentence in Spanish.

blue
azul

La mariposa es azul.
The butterfly is blue.

There are many *Numbers* to learn on pages 82 and 83.

Learn the *Days of the Week* on page 84.

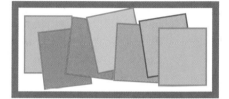

See the names of the *Months* on page 85.

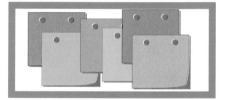

The names of different *Shapes* are on page 86.

Learn about *Compass Directions* on page 87.

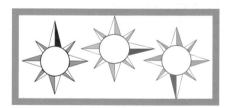

Try telling *Time* on page 88.

When you see an ✱ in the dictionary, look for the *Irregular English Words* on page 88.

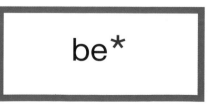

be*

An *Index* to the Spanish Words starts on **page 89.**

AaAaAaAa

above
arriba de

Hay una lámpara colgada arriba de la mesa.
There's a lamp hanging above the table.

acorn
la bellota

A las ardillas les encantan las bellotas.
Squirrels love acorns.

acrobat
el acróbata
la acróbata

El acróbata camina con las manos.
The acrobat walks on his hands.

act
la actuación

Tomás se rió de la actuación del payaso.
Thomas laughed at the clown's act.

actor
el actor

El actor se mueve bajo la luz del proyector.
The actor moves under the spotlight.

actress
la actriz

La actriz sale en televisión.
The actress is on television.

add
añadir

Añade la leche al cereal.
Add the milk to the cereal.

address
la dirección

La dirección está escrita en el paquete.
The address is written on the package.

after
después de

Juego con mis amigos después de las clases.
I play with my friends after school.

air
el aire

El aire frío entra por la ventana.
Cold air is coming in through the window.

airplane
el avión

El avión vuela entre las nubes.
The airplane is flying through the clouds.

alarm clock
el despertador

El despertador de Susana está en la mesita de noche.
Susan's alarm clock is on the night table.

alike
parecido/a

Todas estas flores son parecidas.
All these flowers are alike.

all
todo/a

Todas las hojas se han caído.
All the leaves have fallen.

alligator
el caimán

El caimán salió del río.
The alligator climbed out of the river.

alphabet
el alfabeto

La estudiante escribió el alfabeto.
The student wrote the alphabet.

always
siempre

El bebé siempre se sonríe.
The baby always smiles.

ambulance
la ambulancia

Una ambulancia iba rápidamente por la calle.

An ambulance was racing down the street.

anchor
el ancla

Esteban dejó caer el ancla al agua.

Steven dropped the anchor into the water.

angel
el ángel

Los ángeles tienen alas.

Angels have wings.

angry
enojado/a

Tomás está enojado.

Thomas is angry.

animal
el animal

Muchos animales viven en el zoológico.

Many animals live at the zoo.

ant
la hormiga

Las hormigas se metieron en el azucarero.

The ants got into the sugar bowl.

apple
la manzana

Esta manzana tiene un gusano adentro.

This apple has a worm in it.

apricot
el albaricoque

Los albaricoques crecen en los árboles.

Apricots grow on trees.

apron
el delantal

El delantal del cocinero está manchado de mostaza.

The cook's apron has mustard on it.

aquarium
el acuario

El acuario de Tomás está lleno de peces.

Thomas's aquarium is full of fish.

archer
el arquero

El arquero tiene un arco y flechas.

The archer has a bow and arrows.

arm
el brazo

El petirrojo se posa en el brazo de Elena.

A robin is sitting on Helen's arm.

armchair
el sillón

El sillón nuevo es cómodo.

The new armchair is comfortable.

around
alrededor de

Hay una cerca alrededor de nuestra casa.

There's a fence around our house.

arrow
la flecha

La flecha señala la puerta.

The arrow points to the door.

arrowhead
la punta de flecha

Hallé una punta de flecha en el campo.

I found an arrowhead in the field.

art
el arte

Las obras de arte se guardan en el museo.

Art is kept at the museum.

artist
el artista
la artista

El artista está pintando un cuadro del océano.

The artist is painting a picture of the ocean.

astronaut
el astronauta
la astronauta

El astronauta
llegó a la luna.
The astronaut
reached the moon.

at
en

Jaimito se
queda en casa todo el día.
Jimmy stays at home all day.

athlete
el atleta
la atleta

El atleta
ganó una
medalla de oro.
The athlete won
a gold medal.

attic
el desván

Hay un
desván
en la casa
de la abuelita.
Grandma's house has an attic.

aunt
la tía

La tía de
Tomás es
la hermana
de su padre.
Thomas's aunt is his father's sister.

autumn
el otoño

En el otoño, recogemos
las hojas con un rastrillo.
In the autumn we rake leaves.

avocado
el aguacate

María comió
aguacate para el almuerzo.
Mary had an avocado for lunch.

(run) away
huir

El
conejo
huyó.
The rabbit ran away.

ax
el hacha

El labrador
está talando
el árbol con
el hacha.
The farmer
is cutting the
tree down with an ax.

Bb*Bb*Bb*Bb*

baby
el bebé

El bebé
está jugando con los juguetes.
The baby is playing with toys.

back
la espalda

Susana nos
dio la espalda.
Susan turned
her back to us.

backpack
la mochila

Muchos
estudiantes
llevan mochilas
a la escuela.
Many students wear
backpacks to school.

bad
malo/a

Hace mal
tiempo para
ir de picnic.
The weather is
bad for a picnic.

badminton
el bádminton

Jugamos al
bádminton en el patio.
We played badminton in the yard.

bag
la bolsa

Guillermo mete
una manzana
en la bolsa para
el almuerzo.
William puts an apple
into his lunch bag.

baggage
el equipaje

¡Nuestro
equipaje es
muy pesado!
Our baggage
is very heavy!

bake
hornear

Mi mamá me horneó pan.

My mom baked some bread for me.

baker
el panadero
la panadera

El panadero está contento.

The baker is happy.

bakery
la panadería

El tío Eduardo siempre compra pan en la panadería.

Uncle Edward always buys bread at the bakery.

ball
la pelota

Mi pelota nueva está en el techo.

My new ball is on the roof.

balloon
el globo

El globo del niño está atado por un hilo a la muñeca.

The boy's balloon is tied to his wrist.

banana
el plátano

Pongo plátanos en el cereal.

I have bananas with my cereal.

band
la banda

La banda está tocando en el parque.

The band is playing in the park.

bandage
la venda

Roberto colocó una venda sobre la herida.

Robert put a bandage on his wound.

bang
la explosión

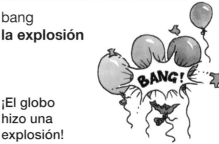

¡El globo hizo una explosión!

The balloon went bang!

bangs
los flequillos

Los flequillos de Elena le cubren la frente.

Helen's bangs hang down over her forehead.

bank
el banco

Llevo el dinero al banco.

I take my money to the bank.

banner
el estandarte

Llevé un estandarte rojo y dorado en el desfile.

I held a red and gold banner in the parade.

barbecue
la parrilla

Él asó pollo en la parrilla.

He cooked chicken on the barbecue.

barbecue
asar a la parrilla

El tío Eduardo asó un pollo a la parrilla para la cena.

Uncle Edward barbecued a chicken for dinner.

barber
el barbero

Las tijeras del barbero son afiladas.

The barber's scissors are sharp.

barn
el establo

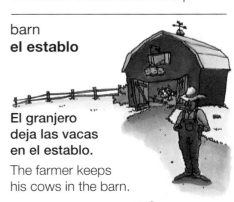

El granjero deja las vacas en el establo.

The farmer keeps his cows in the barn.

barrel
el barril

¡Podría tomarme un barril de limonada!

I could drink a barrel of lemonade!

barrette
el pasador

María se ha puesto un pasador en el pelo.

Mary has put a barrette in her hair.

baseball
la pelota de béisbol

Guillermo
atrapó la pelota de béisbol.
William caught the baseball.

basket
la canasta

La canasta está
llena de huevos.
The basket is full of eggs.

basketball
el baloncesto

Los
estudiantes
están jugando al baloncesto.
The students are playing basketball.

bat
el murciélago

Los murciélagos
viven en la cueva.
Bats live in the cave.

bat
el bate

Roberto dio a la pelota
de béisbol con su bate nuevo.
Robert hit the baseball
with his new bat.

bath
el baño

Jaimito se
está dando un baño.
Jimmy is taking a bath.

bathe
bañar

Mamá
baña
al pequeño
Jaimito a menudo.
Mother bathes little Jimmy often.

bathing suit
el traje
de baño

Mi traje de
baño es verde.
My bathing suit is green.

bathrobe
la bata

Mi madre
tiene una
vieja bata
morada.
My mom has an
old purple bathrobe.

bathroom
el cuarto
de baño

El cuarto de
baño está limpio.
The bathroom is clean.

bathtub
la bañera

Los niños
juegan en la bañera.
The children play in the bathtub.

bay
la bahía

Los botes
están seguros en la bahía.
The boats in the bay are safe.

be*
ser

Serás alto
algún día.
One day you
will be tall.

beach
la playa

La arena blanca
se extiende sobre la playa.
White sand covers the beach.

beak
el pico

Un pájaro
come con
el pico.
A bird eats with its beak.

bear
el oso

Un oso
pardo salió
corriendo
del bosque.
A brown bear
ran out of the forest.

bear cub
el cachorro
de oso

Los cachorros
de oso treparon
a un árbol.
The bear cubs
climbed a tree.

beard
la barba

El abuelo de Esteban tiene una larga barba canosa.

Steven's grandfather has a long gray beard.

beautiful
bello/a

El vestido de Susana es bello.

Susan's dress is beautiful.

beaver
el castor

El castor vive en el bosque.

The beaver lives in the forest.

become*
llegar a ser

El niño quiere llegar a ser alto.

The boy wants to become tall.

bed
la cama

Mi cama es demasiado blanda.

My bed is too soft.

bedroom
el dormitorio

Hay dos camas en el dormitorio de María.

Mary's bedroom has two beds.

bee
la abeja

Las abejas hacen la miel.

Bees make honey.

behind
detrás

El joven alto está detrás de su hermano.

The tall young man is behind his brother.

bell
la campanilla

Esteban toca la campanilla, llamando a la cena.

Steven rings the bell for dinner.

below
bajo

El agua corre bajo el puente.

Water runs below the bridge.

belt
el cinturón

El cinturón de Esteban es nuevo.

Steven's belt is new.

bench
el banco

El perro está dormido sobre el banco.

The dog is sleeping on the bench.

beneath
debajo de

Mi cama está debajo de la de mi hermano.

My bed is beneath my brother's.

beside
al lado de

El perro se sentó al lado de mi silla.

The dog sat beside my chair.

best*
**el mejor
la mejor**

La mejor atleta gana una medalla.

The best athlete wins a prize.

better*
mejor

Susana es mejor corredora que Guillermo.

Susan is a better runner than William.

between
entre

Mi tía está sentada entre mi hermana y yo.

My aunt sits between my sister and me.

bicycle
la bicicleta

A menudo Susana va al colegio en bicicleta.

Susan often rides her bicycle to school.

big
grande

¡Ésta es una torta grande!
This is a big cake!

big top
la carpa mayor

El circo está bajo una carpa mayor.
The circus is under a big top.

bill
el pico

El pico del pájaro es anaranjado.
The bird's bill is orange.

bill
el billete

Tomás halló un billete de cinco dólares.
Thomas found a five-dollar bill.

binoculars
los prismáticos

Roberto mira por los prismáticos.
Robert is looking through the binoculars.

bird
el pájaro

El pájaro se posó en el árbol.
The bird sat in the tree.

birthday
el cumpleaños

Mi hermano tuvo una fiesta para su cumpleaños.
My brother had a party on his birthday.

birthday cake
la torta de cumpleaños

Hay velas en mi torta de cumpleaños.
My birthday cake has candles on it.

bite*
morder (se)

Deja de morderte las uñas.
Stop biting your fingernails.

bite
el bocado

¿Podrás darme un bocado?
Will you give me a bite?

black
negro/a

Mi padre viste un traje negro para ir al trabajo.
My father wears a black suit to work.

blackboard
la pizarra

Elena limpia la pizarra.
Helen is cleaning the blackboard.

blanket
la cobija

La cobija me mantiene caliente.
My blanket keeps me warm.

block
la cuadra

Camino tres cuadras para ir a la escuela.
I walk three blocks to school.

block
el cubo

Mi hermanita juega con los cubos.
My little sister plays with blocks.

blossom
la flor

La planta tiene flores rojas.
The plant has red blossoms.

blouse
la blusa

Tengo una blusa que hace juego con mi falda.
I have a blouse to go with my skirt.

blow*
soplar

El viento soplaba la cometa por el cielo.
The wind blew our kite in the sky.

blue
azul

La mariposa es azul.
The butterfly is blue.

blush
sonrojarse

Elena se sonrojó cuando la llamaron.
Helen blushed when she was called.

board
la tabla

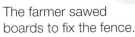

El labrador cortó las tablas con el serrucho para arreglar la cerca.
The farmer sawed boards to fix the fence.

boat
el bote

A Guillermo le encanta pasear en bote.
William loves to sail his boat.

body
el cuerpo

Se limpia el cuerpo en la bañera.
You wash your body in the bathtub.

bone
el hueso

El perro se llevó el hueso.
The dog carried off the bone.

book
el libro

Esteban está leyendo un libro.
Steven is reading a book.

bookcase
la estantería para libros

La estantería para libros está llena.
The bookcase is full.

boot
la bota

Me pongo botas cuando nieva.
I wear boots when it snows.

both
ambos/as

Ambas manzanas son rojas.
Both apples are red.

bottle
la botella

Unas medicinas se envasan en botellas.
Some medicine comes in a bottle.

bottom
de más abajo

Guillermo abrió el cajón de más abajo.
William opened the bottom drawer.

boulder
el pedrejón

Un pedrejón se cayó cerca del coche.
A boulder fell near the car.

bouquet
el ramo

Le di a mi abuelita un gran ramo de flores.
I gave Grandma a big bouquet of flowers.

bow
la reverencia

Esteban está haciendo una reverencia al público.
Steven is bowing to the audience.

bow
el lazo

El regalo tiene un lazo grande.
There is a large bow on the gift.

bowl
el tazón

Tomás se comió el tazón de cereal.
Thomas ate a bowl of cereal

11

box
la caja

El regalo
venía
en una
caja grande.

The gift came in a big box.

boy
el niño

El niño va a
jugar al béisbol.

The boy is going
to play baseball.

bracelet
la pulsera

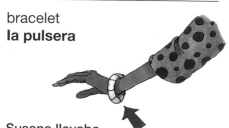

Susana llevaba
una pulsera de oro.

Susan wore a gold bracelet.

braid
la trenza

A Elena le
encantan las trenzas.

Helen loves her braids.

branch
la rama

Una
rama pesada
se desprendió
del árbol.

A heavy branch broke off the tree.

bread
el pan

El pan
caliente huele muy rico.

Warm bread smells very good.

break*
romper

¿Rompiste
el tazón de cristal?

Did you break the glass bowl?

breakfast
el desayuno

Tomamos
el desayuno cada mañana.

We eat breakfast every morning.

breath
el aliento

Puedo ver
el aliento
durante
el invierno.

I can see my breath in the winter.

breathe
respirar

Guillermo
respira
rápido
cuando corre.

William breathes
fast when he runs.

brick
el ladrillo

Esta casa
tiene una
chimenea
de ladrillos.

The house has a brick fireplace.

bridge
el puente

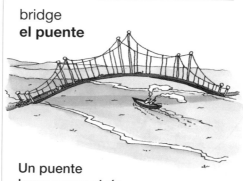

Un puente
largo cruza el río.

A long bridge crosses the river.

broccoli
el brócoli

Aquí hay
brócoli
para la sopa.

Here is some broccoli for the soup.

broom
la escoba

Esteban
barrió el
piso con
una escoba.

Steven swept the
floor with a broom.

brother
el hermano

Mi
hermano
menor juega conmigo.

My little brother plays with me.

brown
el color café

La perra
de María tuvo cinco
cachorros de color café.

Mary's dog had five brown puppies.

brush
cepillar (se)
Susana está cepillándose el pelo.

Susan is brushing her hair.

brush
el cepillo
Susana está
usando el cepillo para el pelo.

Susan is using her hair brush.

bubble
la burbuja

La bañera está
llena de burbujas de jabón.
The bathtub is full of bubbles.

bucket
la cubeta

El abuelito
derramó una cubeta de agua.
Grandpa spilled a bucket of water.

buckle
la hebilla

El cinturón
tiene una
hebilla dorada.
The belt has a gold buckle.

buffalo
el búfalo

Los búfalos son
grandes y fuertes.
Buffalo are big and strong.

build*
construir

Papá nos
construirá
una casita en
ese árbol.
Dad will build
us a tree house.

building
el edificio

El edificio cerca
de la iglesia es una escuela.
The building near the church
is a school.

bull
el toro

El toro está
parado en el prado.
The bull is standing in the pasture.

bulletin board
el tablero

Se han
fijado
fotos en
el tablero.
Pictures hang on the bulletin board.

bun
el panecillo

Mamá compra
panecillos en la panadería.
Mom buys
buns at the bakery.

burn*
arder

Están ardiendo
cinco velas.
Five candles are burning.

bus
el autobús

Un autobús
llevó a mi clase al museo.
A bus took my class to the museum.

bush
el arbusto

Al arbusto le han
salido nuevas
hojitas verdes.
The bush has new green leaves.

busy
ocupado/a

La abeja
está muy
ocupada.
The bee is very busy.

butter
la mantequilla

La mantequilla es
sabrosa con el pan.
Butter is good on bread.

butterfly
la mariposa

La mariposa
voló por encima de nosotros.
A butterfly flew over our heads.

button
el botón

La camisa de Esteban
tiene botones rojos.
Steven's shirt has red buttons.

buy*
comprar

Compré un
globo en el
zoológico.
I bought a balloon at the zoo.

by
al lado de

Nuestro
perro está
sentado al
lado de la verja.
Our dog sits by the gate.

CcCcCcCc

cabbage
el repollo

A los conejos les encanta el repollo.

Rabbits love cabbage.

cage
la jaula

¿Está contento el loro en su jaula?

Is the parrot happy in its cage?

cake
la torta

Comimos torta de chocolate.

We ate chocolate cake.

calculator
la calculadora

Suma los números en la calculadora.

Add the numbers on the calculator.

calendar
el calendario

El calendario nos señala la fecha.

The calendar tells us the date.

calf*
el ternero

La cría de la vaca es el ternero.

A baby cow is called a calf.

call
llamar
Susana llamó por teléfono a Esteban.

Susan called Steven.

call
la llamada
Esta llamada telefónica es para Esteban.

This telephone call is for Steven.

camel
el camello

Se encuentran los camellos en los desiertos.

Camels are found in the desert.

camp
el campamento

Hacemos una hoguera en el campamento cada noche.

At camp we have a fire each night.

can
la lata

Compraré una lata de duraznos.

I will buy a can of peaches.

canal
el canal

Un barco pequeño pasó por el canal.

A small boat went through the canal.

candle
la vela

Mamá está encendiendo la vela con un fósforo.

Mother is lighting the candle with a match.

candy
los dulces

Los niños comieron demasiados dulces.

The children ate too much candy.

cane
el bastón

Mi abuelito camina con un bastón.

My grandpa walks with a cane.

canoe
la canoa

Fuimos de paseo en la canoa.

We went for a canoe ride.

cap
el gorro

Roberto siempre usa su gorro de béisbol.

Robert always wears his baseball cap.

14

car
el coche

Este coche azul tiene llantas nuevas.

This blue car has new tires.

cardinal
el cardenal

Hay un cardenal en el árbol.

There is a cardinal in the tree.

cards
los naipes

Jugaremos a los naipes después de la cena.

We will play cards after dinner.

careful
cuidadoso/a

¡El cocinero es muy cuidadoso!

The cook is very careful!

carpenter
el carpintero

El carpintero arregló el tejado.

The carpenter fixed the roof.

carpet
la alfombra

En el dormitorio de Elena hay una alfombra nueva.

Helen has a new carpet in her bedroom.

carrot
la zanahoria

El cocinero cortó las zanahorias.

The cook cut up carrots.

carry
cargar

Roberto está cargando leña.

Robert is carrying wood.

cart
la carreta

El caballo tiraba de una carreta llena de heno.

The horse pulled a hay cart.

cartoon
la tira cómica

Susana se rió al leer la tira cómica.

Susan laughed at the cartoon.

carve
tallar

Elena talló un pato del jabón.

Helen carved a duck from the soap.

cashier
el cajero
la cajera

Le dimos nuestro dinero a la cajera.

We gave the cashier our money.

cast
el yeso

A Elena le han puesto un yeso en la pierna quebrada.

Helen has a cast on her broken leg.

castle
el castillo

El hada vive en un castillo bello.

The fairy lives in a beautiful castle.

cat
el gato

El gato de Esteban duerme con él.

Steven's cat sleeps with him.

catch*
atrapar

¡Atrapa esta pelota de béisbol si puedes!

Catch the baseball if you can!

caterpillar
la oruga

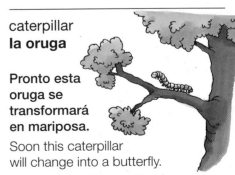

Pronto esta oruga se transformará en mariposa.

Soon this caterpillar will change into a butterfly.

cave
la cueva

La cueva está llena de murciélagos.

The cave is full of bats.

ceiling
el techo

El techo de
la cocina está pintado de amarillo.

The kitchen ceiling is painted yellow.

celery
el apio

Elena añadió
apio a la ensalada.

Helen added celery to the salad.

cereal
el cereal

Echo leche
y azúcar
al cereal.

I put milk and
sugar on my cereal.

chair
la silla

El abuelo
se sentó
en una
silla y nos
leyó un cuento.

Grandfather sat on
a chair and read to us.

chalk
la tiza

Esteban
está
haciendo
dibujos
con la tiza.

Steven is drawing
pictures with chalk.

chalkboard
la pizarra

La maestra
escribió
en la pizarra.

The teacher wrote
on the chalkboard.

change
cambiar

Las hojas en
el otoño cambian de color.

Leaves change color in the fall.

change
el cambio

Tomás
guarda
cambio
en el bolsillo.

Thomas has change in his pocket.

check
el cheque

Pagaré con cheque.

I will pay with a check.

checkers
el juego
de damas

Jugamos al
juego de damas
después de las clases.

We play checkers after school.

cheek
la mejilla

El viento frío
me enrojece las
mejillas.

The cold wind makes
my cheeks red.

cheese
el queso

El ratón
anda
buscando queso.

The mouse is looking for cheese.

cherry
la cereza

A Susana
le encantan los
pasteles de cereza.

Susan loves cherry pie.

chest
el pecho

El cachorro estaba
en el pecho de Tomás.

The puppy was on Thomas's chest.

chick
el pollito

El pollito es amarillo.

The baby chick is yellow.

chicken
el pollo

Estos
pollos están comiendo maíz.

These chickens are eating corn.

child*
el niño, la niña
Un niño pequeño estaba
sentado en el suelo.

A small child sat
on the ground.

children*
los niños
Dos niños estaban
sentados en el banco.

Two children sat on the bench.

chimney
la chimenea

Salía humo
de la
chimenea.

Smoke
came out
of the chimney.

chin
la barbilla

Elena tiene
una mancha
de chocolate
en la barbilla.

Helen has chocolate on her chin.

chipmunk
la ardilla listada

La ardilla
listada
tiene la
cola a rayas.

Chipmunks have striped tails.

chocolate
el chocolate

La panadería vende
galletas de chocolate.

The bakery sells chocolate cookies.

church
la iglesia

Voy a la
iglesia
con mi
abuelita.

I go to church with my grandma.

circle
el círculo

Roberto
hizo dos
círculos
en el
papel.

Robert drew two circles on his paper.

circus
el circo

El circo tiene tres acróbatas.

The circus has three acrobats.

city
la ciudad

La ciudad
tiene diez edificios nuevos.

The city has ten new buildings.

clap
aplaudir

El bebé
jugará contigo aplaudiendo.

The baby will clap hands with you.

clarinet
el clarinete

María toca
el clarinete en la
orquesta.

Mary plays the
clarinet in the band.

class
la clase

Tengo un
retrato de
mi clase
del colegio.

I have a picture
of my class at school.

classroom
el salón de clase

Nuestro salón de clase
tiene muchos pupitres.

Our classroom has many desks.

claw
la garra

Un tigre tiene garras muy afiladas.

A tiger has sharp claws.

clay
la arcilla

Esteban hizo
un conejo de arcilla.

Steven made a clay rabbit.

clean
limpiar
Papá limpia las
ventanas con trapos.

Dad cleans the windows with rags.

clean
limpio/a
La ventana está muy limpia.

The window is very clean.

clear
transparente

El vidrio es transparente.
Glass is clear.

climb
subir (se)

María
se está
subiendo a
la escalera.

Mary is
climbing
the ladder.

clock
el reloj

El reloj está cerca de la estantería para libros.

The clock is near the bookcase.

close
cerrar

Roberto cerró la puerta cuando salió.

Robert closed the door when he went out.

close
cerca de

La manzana está cerca de la naranja.

The apple is close to the orange.

closet
el armario

Mi armario está lleno de juguetes.

My closet is full of toys.

cloth
la tela

La tía Alicia compró tela para hacerse un vestido.

Aunt Alice bought cloth to make a dress.

clothes
la ropa

La ropa de Tomás está muy sucia.

Thomas's clothes are very dirty.

clothing
la ropa

La ropa del bebé es azul.

The baby's clothing is blue.

cloud
la nube

Las nubes cubren el sol.

Clouds cover the sun.

clown
el payaso

Un payaso le dio una flor a Roberto.

A clown gave Robert a flower.

coat
el abrigo

Me pongo el abrigo cuando nieva.

I wear my coat when it snows.

cobweb
la telaraña

Mi papá limpió las telarañas con la escoba.

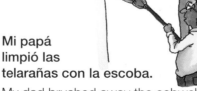

My dad brushed away the cobwebs.

coffee
el café

La abuelita toma café.

Grandma drinks coffee.

coin
la moneda

Elena halló dos monedas en el bolsillo.

Helen found two coins in her pocket.

cold
el frío

Hace demasiado frío para jugar afuera.

It is too cold to play outside.

collar
el collar

El perro usaba un collar de cuero.

The dog wore a leather collar.

color
el color

¿De qué color es la pelota?

What color is the ball?

colt
el potro

El potro corre al lado de su madre.

The colt runs with its mother.

comb
el peine

Tomás guarda el peine sobre su tocador.

Thomas keeps his comb on top of his dresser.

come*
venir

Mi amiga
viene a casa.
My friend is
coming to my house.

comet
el cometa

Elena
vio un cometa en el cielo.
Helen saw a comet in the sky.

comfortable
cómodo/a

¡Este sofá es sumamente cómodo!
This couch is very, very comfortable!

compass
la brújula

Papá
miró la
brújula.
Dad looked at his compass.

completely
completamente

¡Mi plato está
completamente limpio!
My plate is completely clean!

computer
**la
computadora**

Guillermo
está jugando a
los juegos en
su computadora.
William is playing
games on his computer.

cone
**el
barquillo**

Comimos
barquillos de helado.
We ate ice cream cones.

contain
contener

Esta
botella
grande
contiene
leche.
This large bottle contains milk.

conversation
la conversación

Roberto
y Susana
están
manteniendo
una
conversación.
Robert and Susan
are having a conversation.

cook
cocinar
El cocinero está cocinando
verduras en una olla.
The cook is cooking
vegetables in a pot.

cook
**el cocinero
la cocinera**
El cocinero
lleva un delantal blanco.
The cook is wearing a white apron.

cookie
la galleta

Mamá está
preparando
galletas
grandes de
chocolate.
Mom is baking
large chocolate cookies.

cool
fresco/a

La limonada
fresca es muy
rica en el verano.
Cool lemonade is
good in the summer.

corn
el maíz

Se
cultiva maíz en este campo.
Corn is growing in this field.

corner
la esquina

Guillermo
espera el
autobús en
la esquina.
William waits for the bus at the corner.

costume
el disfraz

María llevó
un nuevo
disfraz.
Mary wore a new costume.

cotton
el algodón

El algodón
para nuestra
ropa proviene
de una planta.
Cotton for our clothes
comes from plants.

cotton candy
el algodón de azúcar

Comimos algodón
de azúcar rosado en el circo.
We ate pink cotton candy at the circus.

couch
el sofá

Papá esta durmiendo en el sofá.
Dad is sleeping on the couch.

cough
toser

Por favor,
¡tápate
la boca
cuando toses!
Please cover
your mouth when you cough!

cousin
el primo
la prima

Mis primos son los hijos de mi tía.
My cousins are my aunt's children.

cover
cubrir

El abuelito
cubre
las plantas
cuando
hace frío.
Grandpa covers
the plants when it's cold.

covers
la frazada

Elena está
debajo de la frazada.
Helen is under the covers.

cow
la vaca

De noche,
las vacas duermen en el establo.
The cows sleep in the barn at night.

cowboy
el vaquero

El vaquero
le colocó la
silla de montar
al caballo.
The cowboy
put the saddle
on the horse.

coyote
el coyote

Los coyotes
viven en las montañas.
Coyotes live in the mountains.

cracker
la galleta
salada

María pone
galletas saladas en la sopa.
Mary adds crackers to her soup.

crane
la grúa

Una
grúa
alzó el
coche.
A crane lifted the car.

crane
la grulla

Esta grulla
está parada
en el agua.
This crane
is standing
in the water.

crate
el cajón de embalaje

¿Qué hay
en el cajón de
embalaje?
What's in the crate?

crayon
el crayón

Tomás
hizo un
dibujo con
crayones.
Thomas drew a picture with crayons.

cream
la crema

Mi papá
echa crema
al café.
My dad puts
cream in his coffee.

crocodile
el cocodrilo

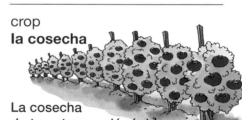

Sacamos
una foto de
un cocodrilo.
We took a picture of a crocodile.

crop
la cosecha

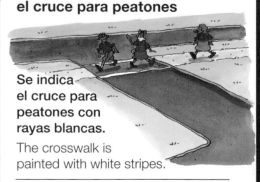

La cosecha
de tomates creció rápido.
The crop of tomatoes grew fast.

crosswalk
el cruce para peatones

Se indica
el cruce para
peatones con
rayas blancas.
The crosswalk is
painted with white stripes.

crowd
la multitud

Había
una multitud en el circo.
A big crowd was at the circus.

crown
la corona

Hay muchas
joyas en
la corona
de la reina.

There are a lot of jewels
in the queen's crown.

crush
aplastar

Papá aplastó la lata con la mano.
Dad crushed the can with his hand.

crust
la corteza

La corteza es
la mejor parte de un pastel.
The crust is the best part of a pie.

crutch
la muleta

Guillermo camina
con una muleta.
William walks with a crutch.

cry
llorar
El bebé
llorará
si está
vacío el
biberón.

The baby will
cry if her bottle is empty.

cube
el cubo

Un cubo
tiene seis caras.
A cube has six sides.

cucumber
el pepino

Los pepinos son
una verdura de verano.
Cucumbers are a summer vegetable.

cup
la taza

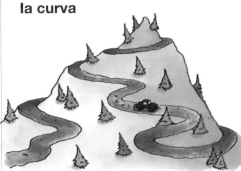

El abuelito
se toma una
taza de té
después de cenar.
Grandpa has a cup of tea after dinner.

cupboard
la alacena

Se guarda la vajilla
en la alacena.
Dishes are kept in the cupboard.

curb
el bordillo de la acera

Nos paramos
cerca del
bordillo de
la acera
para esperar
el autobús.
We stood
near the curb
to wait for the bus.

curly
rizado/a

Guillermo
tiene el
pelo negro y rizado.
William has curly black hair.

curtain
la cortina

Las cortinas
ondeaban en el viento.
The curtains blew in the wind.

curve
la curva

Un camino
montañoso tiene muchas curvas.
A mountain road has many curves.

cut*
partir
Roberto
partió la
manzana con
un cuchillo
afilado.

Robert cut the
apple with a sharp knife.

cute
lindo/a

Todos los bebés son lindos.
All babies are cute.

cymbal
el platillo

¿Te gustaría tocar los platillos?
Would you like to play the cymbals?

DdDdDdDd

dad
el papá

Llamo a mi padre *papá*.

I call my father *dad*.

daisy
la margarita

Un jarrón de margaritas está en la mesa.

A vase of daisies is sitting on our table.

dance
bailar

María y Guillermo están bailando.

Mary and William are dancing.

dance
el baile

María fue al baile con Guillermo.

Mary went to the dance with William.

dancer
el bailarín
la bailarina

La bailarina llevaba zapatos rojos.

The dancer wore red shoes.

dandelion
el diente de león

Hay dientes de león en nuestro patio.

There are dandelions in our yard.

dark
oscuro/a

Está oscuro afuera.

It is dark outside.

date
la fecha

Consulta el calendario para averiguar la fecha.

Look at the calendar to find the date.

daughter
la hija

Esta mujer tiene dos hijas.

This woman has two daughters.

day
el día

¡Es un día maravilloso!

It's a wonderful day!

deck
la cubierta

La cubierta del velero está pintada de blanco.

The deck of the sailboat is painted white.

deep
profundo/a

¿Puedes nadar en el lado profundo de la piscina?

Can you swim in the deep end of the pool?

deer*
el venado

¿Hay venados en este bosque?

Are there deer in this forest?

delicious
sabroso/a

¡Los albaricoques son sabrosos!

Apricots are delicious!

dent
la abolladura

Hay una abolladura en esta cazuela.

There is a dent in this pan.

dentist
el dentista
la dentista

El dentista me dio un cepillo de dientes nuevo.

The dentist gave me a new toothbrush.

desert
el desierto

Los desiertos son muy secos.

Deserts are very dry.

desk
el escritorio

La maestra está sentada en el escritorio.

The teacher sits at the desk.

dessert
el postre

Tomamos
helado de postre.

We are having ice cream for dessert.

dice*
los dados

Tira los
dados para jugar a este juego.

Throw the dice to play this game.

dictionary
el diccionario

¿Cuántos
grabados
hay en tu
diccionario?

How many pictures
are in your dictionary?

difficult
difícil

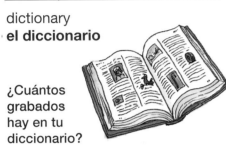

Es difícil
caminar
con las manos.

It is difficult
to walk on
your hands.

dig*
cavar

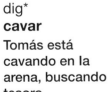

Tomás está
cavando en la
arena, buscando
tesoro.

Thomas digs in
the sand, looking
for treasure.

dim
débil

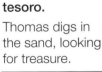

La luz de la
vela estaba
demasiado débil.

The light from the
candle was too dim.

dining room
el comedor

Nuestro comedor tiene
una mesa y seis sillas.

Our dining room has
a table and six chairs.

dinner
la cena

La
cena en el
restaurante
fue deliciosa.

The dinner at the
restaurant was delicious.

dinosaur
el dinosaurio

Vimos dinosaurios en el museo.

We saw dinosaurs at the museum.

dirt
la suciedad

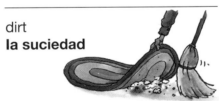

No barras la suciedad
bajo la alfombra.

Do not sweep dirt under the rug.

dirty
sucio/a

Por favor,
¡limpia los
zapatos sucios!

Please clean your dirty shoes!

dish
el plato

Mi papá lavó
los platos
para mamá.

My dad washed the dishes for mom.

dive*
zambullirse

Susana
se zambulló
en la piscina.

Susan dived into the pool.

divide
dividir

Una
cerca
divide
nuestro
patio
del tuyo.

A fence divides
our yard from yours.

do*
hacer

¿Qué está
haciendo ella?

What is she doing?

dock
el muelle

Los
pasajeros
esperaban
en el muelle.

The passengers waited on the dock.

doctor
el médico
la médica

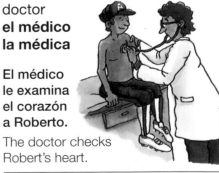

El médico
le examina
el corazón
a Roberto.

The doctor checks
Robert's heart.

dog
el perro

¿Cuál es
el nombre
de mi perro?

What is my dog's name?

doll
la muñeca

María tiene una
muñeca de pelo rizado.

Mary has a doll with curly hair.

dollar
el dólar

Puse un dólar en
mi cuenta del banco.

I put a dollar in my bank.

dollhouse
la casita de muñecas

La casita
de muñecas
tiene puertas
y ventanas
pequeñitas.

The dollhouse
has small doors and windows.

dolphin
el delfín

Los delfines
nadan en los océanos.

Dolphins swim in the oceans.

donkey
el burro

Roberto
montó en
burro por las
montañas.

Robert rode a
donkey in the mountains.

door
la puerta

El abuelito
abrió la
puerta y
se asomó.

Grandpa opened
the door and
looked outside.

doorbell
el timbre

María tocó
el timbre.

Mary rang
the doorbell.

doorman*
el portero

El portero
espera cerca
de la puerta.

The doorman
waits near
the door.

dough
la masa

Roberto preparó
la masa para el pan.

Robert made dough for the bread.

(go) down
bajar

Roberto
bajó la
colina esquiando.

Robert skied down the hill.

dozen
la docena

Hay una docena
de huevos en una caja.

There are a dozen eggs in a box.

dragon
el dragón

El dragón vive
en una cueva.

The dragon lives in a cave.

draw*
dibujar

Susana dibujó
a su hermano.

Susan drew a picture of her brother.

drawer
el cajón

El cajón
está lleno
de papel
y lápices.

The drawer is
full of paper
and pencils.

dream*
soñar
María soñó
que estaba
en un palacio.

Mary dreamed
she was in
a palace.

dream
el sueño
El
sueño
de María la
hizo sentir feliz.

Mary's dream made her happy.

dress
vestirse
Elena se está
vistiendo para la fiesta.

Helen is dressing for the party.

dress
el vestido
El vestido
de Elena es rosado.

Helen's dress is pink.

dresser
el tocador

Mi tocador tiene cinco cajones.

My dresser has five drawers.

drink*
tomar

Quiero tomar leche.

I want to drink some milk.

drink
la bebida

Mi bebida favorita es la leche.

My favorite drink is milk.

drip
gotear

El agua fría gotea del grifo.

Cold water drips from the faucet.

drive*
manejar

¿Quién está manejando el coche?

Who is driving the car?

driveway
el camino particular

El taxi esperaba en el camino particular.

The taxi waited in the driveway.

drop
caérsele

A Elena se le cayeron los libros.

Helen dropped her books.

drugstore
la farmacia

La tía Alicia compra medicina en la farmacia.

Aunt Alice buys medicine at the drugstore.

drum
el tambor

Esteban toca los tambores.

Steven plays the drums.

dry
seco/a

Tomás está seco debajo de su paraguas.

Thomas is dry under the umbrella.

duck
el pato

Mi pato doméstico tiene plumas suaves y blancas.

My pet duck has soft, white feathers.

duckling
el patito

Los patitos corrían detrás de su madre.

The ducklings ran behind their mother.

dull
aburrido/a

La película aburrida nos adormeció.

The dull movie put us to sleep.

dust
el polvo

¿Te hace estornudar el polvo?

Does dust make you sneeze?

dustpan
el recogedor

La escoba y el recogedor están en la despensa.

The broom and dustpan are in the closet.

Ee*Ee*EeEe

each
cada

Cada flor es amarilla.

Each flower is yellow.

eagle
el águila

El águila vuela a su nido.

The eagle flies to its nest.

ear
la oreja

Elena se limpió
detrás de las orejas.

Helen washed behind her ears.

early
temprano

Guillermo
llegó al
colegio
temprano.

William came to school early.

earmuffs
las orejeras

Roberto
llevaba
orejeras en
la nevada.

Robert wore earmuffs
in the snowstorm.

earring
el arete

Mi madre
lleva
aretes
largos
de plata.

My mother wears
long, silver earrings.

Earth
la Tierra

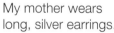

Vivimos en el planeta Tierra.

We live on the planet Earth.

easel
**el caballete
de pintor**

El cuadro de
Guillermo descansaba
sobre el caballete de pintor.

William's picture sat on the easel.

easy
fácil

¡Flotar boca arriba es fácil!

Floating on my back is easy!

eat*
comer

Debemos comer frutas y verduras.

We should eat fruits and vegetables.

egg
el huevo

La abuelita
cocinará dos huevos.

Grandma will cook two eggs.

elbow
el codo

María se
golpeó el codo con la mesa.

Mary hit her elbow on the table.

electricity
la electricidad

Esta
lámpara
gasta
electricidad.

This lamp is
using electricity.

elephant
el elefante

Un elefante
caminaba en
el desfile del circo.

An elephant walked
in the circus parade.

elevator
el ascensor

El ascensor
nos llevó
a lo más
alto del
edificio.

The elevator
carried us
to the top
of the
building.

empty
vacío/a

Una botella está vacía.

One bottle is empty.

end
el extremo

¿Dónde
está el
extremo
de la soga?

Where is the end of the rope?

engine
el motor

El mecánico
arregló el motor del coche.

The mechanic fixed the car's engine.

entrance
la entrada

Esta puerta
sirve de entrada a nuestro patio.

This gate is the entrance to our yard.

envelope
el sobre

Moja
el sobre
para cerrarlo.

Lick the envelope to close it.

eraser
la goma de borrar

Esteban
compró
lápices
con gomas
de borrar grandes.

Steven bought
pencils with large erasers.

exam
el examen

María está
terminando el examen.

Mary is finishing the exam.

equator
el ecuador

El ecuador rodea la Tierra.

The equator goes around the Earth.

evening
el anochecer

El sol se pone al anochecer.

The sun goes down in the evening.

eye
el ojo

Mis ojos son azules.

My eyes are blue.

erase
borrar

Elena está
borrando la pizarra.

Helen is erasing the blackboard.

every
cada

Cada niño se sonrió.

Every child smiled.

eyebrow
la ceja

Nuestras cejas
están arriba de los ojos.

Our eyebrows are above our eyes.

Ff Ff Ff Ff

face
la cara

Por favor,
¡alégrate esa cara!

Please put a smile on your face!

factory
la fábrica

En esta
fábrica se hacen coches.

This factory makes cars.

fairy
el hada
El hada
le dio a
la reina
algunas
joyas.

The fairy gave
the queen some jewels.

fall*
caerse

Jaimito se cae.

Jimmy falls down.

fall
el otoño

Mi familia recoge las
hojas con rastrillos en el otoño.

My family rakes leaves in the fall.

family
la familia

Ésta es
una foto de mi familia.

This is a picture of my family.

fan
el ventilador

Elena
se sienta
cerca del
ventilador
cuando tiene calor.

Helen sits near the fan when she is hot.

far (away)
lejos

El sol está muy lejos.

The sun is very far away.

27

farm
la finca

Las gallinas, las vacas y los cerdos viven en la finca.

Chickens, cows, and pigs live on the farm.

---

farmer
el granjero

El granjero está sembrando el maíz.

The farmer is planting corn.

---

fast
rápido

Los coches de carrera pasan muy rápido.

The race cars go by fast.

---

fat
gordo/a

San Nicolás es gordo.

Santa Claus is fat.

---

father
el padre

Ese padre tiene muchos hijos.

That father has many children.

---

faucet
el grifo

Sale agua caliente y fría del grifo.

Hot and cold water come out of the faucet.

---

favorite
favorito/a

El chocolate es mi favorito.

Chocolate is my favorite.

---

feather
la pluma

Los pájaros están cubiertos de plumas.

Birds are covered with feathers.

---

feet*
los pies

La arena quema los pies de Elena.

The sand is burning Helen's feet.

---

fence
la cerca

Guillermo está construyendo una cerca alrededor del jardín.

William is building a fence around the garden.

---

fern
el helecho

Los helechos son plantas verdes.

Ferns are green plants.

---

fever
la fiebre

¿Cuánta fiebre tiene Esteban?

How high is Steven's fever?

---

field
el campo

Las vacas están en el campo.

The cows are in the field.

---

fill
llenar

La abuelita llena los vasos al tope.

Grandma fills the glasses to the top.

---

fin
la aleta

Los peces nadan por medio de las aletas.

Fish swim with their fins.

---

find*
hallar

¡Hallamos el tesoro escondido!

We found the hidden treasure!

---

finger
el dedo

Los dedos se ponen fríos en el invierno.

My fingers become cold in the winter.

---

fingernail
la uña

La tía Alicia se pintó las uñas de rojo.

Aunt Alice painted her fingernails red.

fire
el fuego

El tío Eduardo encendió el fuego con un fósforo.

Uncle Edward lit the fire with a match.

fire engine
la bomba de incendios

La bomba de incendios se apresuró al incendio.

The fire engine raced to the fire.

fire fighter
el bombero
la bombera

Un bombero viste un sombrero, un impermeable y unas botas.

A fire fighter wears a hat, a raincoat, and boots.

fireplace
la chimenea

Esta casa tiene una chimenea en la sala.

This house has a fireplace in the living room.

first
primero/a

Tomás es el primero de la cola.

Thomas is first in line.

fish*
el pescado
El abuelo quiere pescado para la cena.

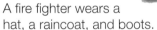

Grandpa wants fish for dinner.

fish
pescar
El abuelito pesca en el lago.

Grandpa is fishing in the lake.

fisherman*
el pescador

El pescador atrapó dos peces.

The fisherman caught two fish.

fix
arreglar

Elena arreglará el juguete roto.

Helen will fix the broken toy.

flag
la bandera

Elena llevó la bandera en el desfile.

Helen carried the flag in the parade.

flame
la llama

La llama de la vela es amarilla.

The candle flame is yellow.

flamingo
el flamenco

Un flamenco tiene patas largas.

A flamingo has long legs.

flashlight
la linterna

María llevó una linterna para ver en la oscuridad.

Mary carried a flashlight to see in the dark.

flat
plano/a

El papel es plano.

Paper is flat.

flavor
el sabor

¿Qué sabor de helado te gusta?

What flavor of ice cream do you like?

float
flotar

Los globos de la niña flotaron hacia lo lejos.

The little girl's balloons floated away.

floor
el piso

El piso del dormitorio está cubierto de ropa.

The bedroom floor is covered with clothes.

florist
el florista
la florista

Una florista vende flores y plantas.

A florist sells flowers and plants.

flour
la harina

El cocinero añade harina a la masa de galletas.

The cook adds flour to the cookie dough.

flower
la flor

¿Son anaranjadas estas flores?
Are these flowers orange?

flowerbed
el arriate de flores

El jardinero regó el arriate de flores.
The gardener watered the flowerbed.

flu
la gripe

Roberto está acostado porque tiene gripe.
Robert is in bed with the flu.

flute
la flauta

Esteban toca la flauta en la orquesta.
Steven plays the flute in the orchestra.

fly*
volar

El avión está volando sobre el pueblo.
The airplane is flying over the town.

fly
la mosca

Una mosca revolotea sobre la comida.
A fly flies around the food.

fog
la niebla

Una niebla grisácea cubre la ciudad.
Gray fog covers the city.

follow
seguir

El gato me siguió a casa.
The cat followed me home.

food
la comida

La comida está en la mesa.
The food is on the table.

foolish
tonto/a

Es tonto jugar con los fósforos.
Playing with matches is foolish.

foot*
el pie

El bebé jugaba con el pie.
The baby played with its foot.

football
el fútbol americano

Roberto juega al fútbol americano.
Robert plays football.

footprint
la huella del pie

Las huellas del pie se ven en la arena mojada.
Footprints show in the wet sand.

footstool
el escabel

La niña estaba sentada en un escabel.
The little girl sat on a footstool.

for
para

Tenemos pavo para cenar.
We are having turkey for dinner.

forehead
la frente

Mi frente está arriba de las cejas.
My forehead is above my eyebrows.

forest
el bosque

El bosque está lleno de árboles.
The forest is full of trees.

forget*
olvidar

Susana siempre olvida los lentes.
Susan always forgets her glasses.

fork
el tenedor

María comió la
ensalada con un tenedor.
Mary ate her salad with a fork.

fountain
la fuente

Hay una fuente en el parque.
There is a fountain in the park.

fox
el zorro

El zorro
corrió por nuestro patio.
The fox ran through the yard.

freckles
las pecas

Roberto
tiene pecas en la nariz.
Robert has freckles on his nose.

freeze*
congelar (se)

El agua
se congela,
convirtiéndose
en hielo durante
el invierno.
Water freezes into ice in the winter.

freezer
el congelador

Se conserva
el helado dentro
de nuestro
congelador.
Our freezer has
ice cream in it.

french fries
las papas fritas

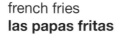

Esteban
comió papas
fritas con su
hamburguesa.
Steven ate french
fries with his hamburger.

friend
el amigo
la amiga

A mi
amigo
le gusta
jugar a la pelota.
My friend likes to play ball.

frog
la rana

Una rana
saltó a la charca.
A frog jumped into the pond.

from
de

Se saca
el jugo
de la fruta.
Juice comes
from fruit.

frost
la escarcha

Vimos
escarcha
en el césped esta mañana.
We saw frost on the
lawn this morning.

fruit
la fruta

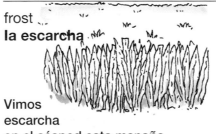

Elena
comió
fruta en la merienda.
Helen had some fruit for a snack.

full
lleno/a

El plato
de Elena
está lleno
de comida.
Helen's plate is full of food.

fun
divertido/a

¡Las fiestas de
cumpleaños son muy divertidas!
Birthday parties are so much fun!

funnel
el embudo

Papá echó
aceite en el
coche con
un embudo.
Dad put the oil in
the car with a funnel.

fur
el pelaje

El lobo tiene
pelaje grueso.
The wolf has thick fur.

furnace
el calentador

El calentador
calienta nuestra casa.
The furnace makes our house warm.

furniture
los muebles

Los muebles viejos
del abuelito están en el desván.
Grandpa's old furniture is in the attic.

GgGgGgGg

game
el juego

María y su hermana
se divierten con los juegos.

Mary and her sister
have fun with the games.

garage
el garaje

Guardamos
el coche en el garaje.

We keep our car in the garage.

garden
el jardín

Tomás
sembró flores en su jardín.

Thomas planted flowers in his garden.

gardener
**el jardinero
la jardinera**

Un jardinero
debe quitar la maleza.

A gardener must pull weeds.

garden hose
la manguera del jardín

Tomás
riega las plantas
con la manguera del jardín.

Thomas waters the
plants with the garden hose.

gas
el gas

Nuestra estufa
utiliza el gas.

Our stove uses gas.

gasoline
la gasolina

La cortadora
de césped necesita
la gasolina para funcionar.

The lawn mower runs on gasoline.

gate
la puerta

Guillermo
abrió la puerta
en la cerca.

William opened
the gate in the fence.

ghost
el fantasma

En realidad,
no existen
fantasmas.

There is no such thing as a ghost.

gift
el regalo

Llevé un
regalo a
la fiesta
de cumpleaños.

I took a gift to the birthday party.

gills
las agallas

Las agallas
ayudan a
los peces a
respirar en el agua.

Gills help fish breathe in the water.

giraffe
la jirafa

La jirafa
es un
animal
muy alto.

The giraffe
is a very
tall animal.

girl
la niña

La niña es
muy bonita.

The girl is very pretty.

give*
dar

Dale la caja a tu hermano.

Give the box to your brother.

glad
alegre

Estamos alegres de
que hayas venido a cenar.

We are glad you came for dinner.

glass
el vaso

El abuelo
llenó el
vaso de leche.

Grandfather filled
the glass with milk.

glass
**el
vidrio**

La ventana es de vidrio.

The window is made of glass.

glasses
los lentes

Guillermo
usa lentes.
William wears glasses.

---

globe
el globo terráqueo

Un globo
terráqueo
está en el
escritorio
de la maestra.

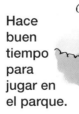

A globe sits on the teacher's desk.

---

glove
el guante

Los guantes
calientan las
manos durante
el invierno.

Gloves keep
our hands warm in the winter.

---

glue
pegar con cola

¿Quién pegó los pedazos de la
taza con cola?

Who glued
the cup
together?

---

glue
la cola

¿Quién derramó
la cola sobre la mesa?

Who spilled glue on the table?

---

go*
ir

Iremos a la escuela.
We will go to school.

---

goat
la cabra

¡Las
cabras
comen
muchas cosas!

Goats eat many things!

---

goggles
las gafas acuáticas

Elena usa gafas
acuáticas bajo el agua.
Helen wears goggles under water.

---

gold
el oro

El hombre
tiene un reloj de oro.
The man has a gold watch.

---

good*
bueno/a

Hace
buen
tiempo
para
jugar en
el parque.

The weather is good
for playing in the park.

---

goose*
el ganso

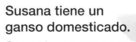

Susana tiene un
ganso domesticado.
Susan has a pet goose.

---

gorilla
el gorila

El gorila en
el zoológico
come frutas
y verduras.

The gorilla at the zoo
eats fruits and vegetables.

---

gosling
el gansarón

La cría del ganso es un gansarón.
A baby goose is a gosling.

---

grandfather
el abuelo

Mi abuelo es
el padre de mi papá.
My grandfather is my dad's father.

---

grandmother
la abuela

Mi abuela es
la madre de mi papá.
My grandmother is my dad's mother.

---

grandpa
el abuelito

El abuelito me lee un libro.
Grandpa reads a book to me.

---

grandparents
los abuelos

Los abuelos
son los padres de tus padres.
Grandparents are the
parents of your parents.

---

grape
la uva

Las uvas
pueden ser verdes o moradas.
Grapes are green or purple.

---

grapefruit
la toronja

Tomás se
comió una
toronja para el almuerzo.
Thomas ate grapefruit for lunch.

grass
el césped

El césped en el patio es demasiado alto.

The grass in the yard is too tall.

grasshopper
el saltamontes

Los saltamontes tienen alas.

Grasshoppers have wings.

gravy
la salsa

María echó salsa sobre las papas.

Mary put gravy on her potatoes.

gray
gris

El loro de Tomás es gris.

Thomas's parrot is gray.

green
verde

El césped es verde.

Grass is green.

greenhouse
el invernadero

Un invernadero es una casa hecha de vidrio para las plantas.

A greenhouse is a glass house for plants.

grocery store
la tienda de comestibles

El abuelito compró pescado en la tienda de comestibles.

Grandpa bought fish at the grocery store.

ground
el suelo

Esteban se sentó en el suelo.

Steven sat on the ground.

group
el grupo

Un grupo de niños se sentó en un círculo.

A group of children sat in a circle.

grow*
crecer

Jaimito está creciendo rápido.

Jimmy is growing fast.

guest
el invitado
la invitada

Nuestro invitado tocó el timbre.

Our guest rang the doorbell.

guitar
la guitarra

Guillermo toca la guitarra.

William plays the guitar.

HhHhHhHh

hair
el pelo

Guillermo se está cepillando el pelo.

William is brushing his hair.

half*
la mitad

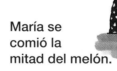

María se comió la mitad del melón.

Mary ate half the melon.

ham
el jamón

Comimos jamón para la cena.

We had ham for dinner.

hamburger
la hamburguesa

Me comí una hamburguesa para la cena.

I had a hamburger for dinner.

hammer
martillar

Tomás martilló el clavo en la madera.

Thomas hammered the nail into the wood.

hammer
el martillo

Tomás dio golpes al clavo con un martillo.

Thomas hit the nail with a hammer.

hammock
la hamaca

Roberto
duerme en una hamaca.

Robert sleeps in a hammock.

hand
la mano

Esteban se
lavó las manos.

Steven washed his hands.

handkerchief*
el pañuelo

Tomás
siempre lleva
un pañuelo.

Thomas always
carries a handkerchief.

handsome
guapo/a

El actor era muy guapo.

The actor was very handsome.

hang*
colgar

María
cuelga el
abrigo
detrás de
la puerta.

Mary hangs
her coat
behind the door.

hanger
la percha

El armario
está lleno de perchas.

The closet is full of hangers.

happy
contento/a

Las
personas
se sonríen
cuando están contentas.

People smile when they are happy.

hard
difícil

Es muy
difícil
caminar
con las manos.

It is very hard
to walk on
your hands.

hard
duro/a

¡El piso es duro!

The floor is hard!

harp
el arpa

Un arpa
tiene
muchas
cuerdas.

A harp has
many strings.

hat
el sombrero

Mi tía
siempre
usa un
sombrero
cuando sale.

My aunt always
wears a hat when she goes out.

have*
tener

Tienen
sombreros rojos.

They have red hats.

hay
el heno

Los caballos
y las vacas comen heno.

Horses and cows eat hay.

head
la cabeza

¡El loro se
sentó sobre mi cabeza!

The parrot sat on my head!

healthy
saludable

Esteban y Elena
parecen muy saludables.

Steven and Helen look very healthy.

heart
el corazón

Mi corazón
está aquí mismo.

My heart is right here.

heat
el calor

Demasiado calor
quemará las zanahorias.

Too much heat will burn the carrots.

heavy
pesado/a

La caja es
demasiado
pesada
para levantar.

The box is too heavy to lift.

helicopter
el helicóptero

Un helicóptero
voló sobre nuestra casa.

A helicopter flew over our house.

help
ayudar

La tía
Alicia ayuda
a Jaimito
a levantarse.

Aunt Alice helps
Jimmy stand up.

hen
la gallina

La gallina vigilaba a sus pollitos.
The hen watched her chicks.

herd
el rebaño

Hay un
rebaño de ovejas en el camino.
There is a herd of sheep on the road.

here
aquí

Ponlo aquí, por favor.
Put it here, please.

---

high
alto/a

Las galletas
están en un estante alto.

The cookies are on a high shelf.

hill
la colina

El cachorro
subió a la colina.
The puppy ran up the hill.

hippopotamus
el hipopótamo

Un hipopótamo se metió en el río.
A hippopotamus walked into the river.

hit*
pegar

Roberto pegó a
la pelota, lanzándola al campo.
Robert hit the baseball into the field.

hockey
el hockey

Se juega al hockey
sobre patines de hielo.
Hockey is played on ice skates.

hoe
azadonar

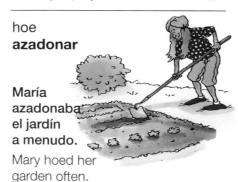

María
azadonaba
el jardín
a menudo.

Mary hoed her
garden often.

---

hoe
el azadón

Tomás
usaba
el azadón
para
desherbar
el jardín.

Thomas used
his hoe to weed his garden.

hold*
sostener

Puedo sostener
la gatita en la mano.
I can hold the kitten in my hand.

hole
el hoyo

Este perro
está cavando
un hoyo
para su hueso.
The dog is digging
a hole for its bone.

home
el hogar

El abuelito
acaba de
llegar a
su hogar.

Grandpa just
arrived at his home.

homework
los deberes escolares

¡A Esteban
no le quedan
más deberes
escolares!

Steven has no
more homework to do!

honey
la miel

A los osos les gusta la miel.
Bears love honey.

hood
la capucha

El abrigo de Elena tiene capucha.

Helen's coat has a hood.

hoof*
el casco

Al casco del caballo se le ha puesto una nueva herradura.

The horse's hoof has a new shoe.

hoop
el aro

El perro de circo pasó por el aro.

The circus dog jumped through the hoop.

horn
el cuerno

Algunos animales tienen cuernos.

Some animals have horns.

horse
el caballo

Tomás monta a caballo en la hacienda.

Thomas rides his horse on the ranch.

hose
la manguera

Susana usaba la manguera para regar el jardín.

Susan used the hose to water the garden.

hospital
el hospital

Mi tío es un paciente del hospital.

My uncle is a patient at the hospital.

hot
el calor

Hace calor en el verano.

It is hot in the summer.

hotel
el hotel

Pasamos una noche en el hotel.

We spent one night in the hotel.

hour
la hora

María tardó una hora en hacer los deberes escolares.

It took Mary an hour to do her homework.

house
la casa

Esteban vive en la casa de la esquina.

Steven lives in the house on the corner.

how?
¿cómo?

¿Cómo se siente el hombre?

How does the man feel?

hug
el abrazo

Mi mamá me abraza cuando está contenta.

My mom hugs me when she is happy.

hump
la joroba

Los camellos tienen jorobas sobre el lomo.

Camels have humps on their backs.

hungry
el hambre

El perro tiene mucha hambre.

The dog is very hungry.

hunt
buscar

Elena está buscando los zapatos.

Helen is hunting for her shoes.

hurt*
lastimar (se)

Elena chocó con la puerta y se lastimó la cabeza.

Helen ran into the door and hurt her head.

I i *I i* I i *I i*

I i

ice
el hielo

El agua
se ha
convertido
en hielo.

The water
turned into ice.

ice cream
el helado

El helado
se derrite
rápido
en el verano.

Ice cream melts
fast in the summer.

---

ice skates
los patines de hielo

Estos patines
de hielo
nuevos son para
el cumpleaños
de Roberto.

These new ice skates
are for Robert's birthday.

---

icicle
el carámbano

Los carámbanos
cuelgan
del tejado
durante
el invierno.

Icicles hang from
the roof in winter.

---

in front of
delante de

El buzón de
correos está
delante de la casa.

The mailbox is in front of the house.

---

ink
la tinta

El bolígrafo
de Tomás utiliza tinta negra.

Thomas's pen uses black ink.

---

insect
el insecto

Los
saltamontes
y las moscas
son insectos.

Grasshoppers and flies are insects.

---

into
en

Pon el
plátano en la
bolsa para el almuerzo.

Put the banana into the lunch bag.

---

iron
la plancha

¡Ten cuidado—
la plancha está caliente!

Careful—the iron is hot!

---

island
la isla

Una
isla está
rodeada de agua.

An island is surrounded by water.

J j *J j* J j *J j*

J j

jacket
la chaqueta

Roberto lleva
una chaqueta en la primavera.

Robert wears a jacket in the spring.

---

jam
la mermelada

A María le encanta
la tostada con mermelada.

Mary loves toast with jam.

---

jeans
los pantalones vaqueros

Roberto
lleva pantalones vaqueros
viejos para limpiar el piso.

Robert wears old
jeans to clean the floor.

Jeep
el Jeep

El Jeep
subía por
el sendero de
la montaña.

The Jeep went
up the mountain road.

---

jelly
la jalea

Algunas tortas
tienen un relleno de jalea.

Some cakes have jelly in them.

jet
el avión de reacción

¿Has volado en
un avión de reacción?
Have you flown on a jet?

jewel
la joya

Hay
muchas
joyas en
el collar.
There are a lot
of jewels in her necklace.

jeweler
el joyero
la joyera

El joyero vende
anillos y pulseras.
The jeweler sells rings and bracelets.

jigsaw puzzle
el rompecabezas

Roberto armó
el rompecabezas.
Robert put together a jigsaw puzzle.

jog
trotar

Esteban y
su papá trotan en el parque.
Steven and his dad jog in the park.

juggle
hacer juegos
malabares

¿Con
cuántas
pelotas está el
payaso haciendo
juegos malabares?
How many balls is
the clown juggling?

juice
el jugo

Jaimito
quiere jugo.
Jimmy wants juice.

jump
saltar

María puede
saltar la cerca.
Mary can jump over the fence.

jungle
la selva

Hace mucho
calor en la selva.
It is very hot in the jungle.

jungle gym
las barras

Los niños
juegan en
las barras.
The children play
on the jungle gym.

KkKkKkKk

kangaroo
el canguro

Un canguro
puede saltar muy lejos.
A kangaroo can jump very far.

keep*
guardar

La mamá
de Esteban
guarda todos
sus exámenes.
Steven's mom keeps all his exams.

ketchup
la salsa
de tomate

Elena echó salsa
de tomate en su hamburguesa.
Helen put ketchup on her hamburger.

kettle
la olla

El cocinero está
revolviendo una olla de sopa.
The cook is stirring a kettle of soup.

key
la llave

Se puede
abrir la
puerta con
esta llave.
The door can be
opened with this key.

kick
el puntapié

Roberto le dio un puntapié fuerte a la pelota.

Robert gave the ball a hard kick.

kick
dar una patada

Roberto le dio una patada al balón de fútbol.

Robert kicked the football.

kid
el cabrito

La cría de la cabra es el cabrito.

A baby goat is a kid.

king
el rey

El rey vive en un castillo.

The king lives in a castle.

kitchen
la cocina

Comemos en la cocina.

We eat in the kitchen.

kite
la cometa

La cometa de Tomás ha subido por el cielo.

Thomas's kite is high in the sky.

kitten
el gatito

Mi gata tiene cinco gatitos.

My cat has five kittens.

knee
la rodilla

Esteban se lastimó la rodilla jugando al fútbol americano.

Steven hurt his knee playing football.

knife*
el cuchillo

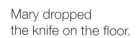

A María se le cayó el cuchillo al suelo.

Mary dropped the knife on the floor.

knit*
tejer

La abuela le tejió un suéter a su perro.

Grandma knit her dog a sweater.

knot
el nudo

Susana hizo unos nudos en los cordones de sus zapatos.

Susan tied her shoelaces in knots.

Ll Ll Ll Ll

label
la etiqueta

Roberto leyó la etiqueta de la lata de sopa.

Robert read the label on the soup can.

lace
el encaje

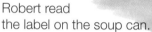

Nuestras cortinas son de encaje.

Our curtains are made of lace.

ladder
la escalera

El bombero subió al tejado por la escalera.

The fire fighter climbed a ladder to the roof.

lake
el lago

Nos gustan pescar y nadar en el lago.

We like to fish and swim at the lake.

lamb
el cordero

A los corderos les gusta jugar.
The lambs love to play.

lamp
la lámpara

Una
lámpara
grande
ilumina el
dormitorio.

A large lamp lights up the bedroom.

lap
el regazo

Cuando
me siento,
mi gata
salta a
mi regazo.

When I sit down,
my cat jumps up on my lap.

large
grande

La chaqueta
es demasiado
grande para María.

The jacket is too large for Mary.

last
último/a

¿Quién quiere
el último pedazo de torta?
Who wants the last piece of cake?

late
tarde

Mamá llegó
tarde al trabajo.
Mom was late for work.

laugh
reír (se)

**Susana se está riendo
del payaso.**

Susan is
laughing
at the
clown.

laugh
la risa
La risa de
Susana es muy fuerte.
Susan's laugh is very loud.

laundry
la ropa sucia

Este
montón
de ropa
sucia se
tiene que lavar.
This pile
of laundry has to be washed.

lawn
el césped

Tomás se
sentó en el
césped debajo
de un árbol.
Thomas sat
on the lawn under a tree.

lawn mower
**la cortadora
de césped**
Papá
cortó el
césped con
la cortadora
de césped.
Dad cut the grass
with the lawn mower.

lazy
perezoso/a

María es
perezosa
y no quiso
limpiar el cuarto.
Mary is lazy
and would not clean her room.

leaf*
la hoja

Una hoja
se cayó en
mi regazo.
A leaf fell into my lap.

leap*
saltar

Es
divertido
saltar los
charcos
cuando llueve.
It's fun to leap
over puddles in the rain.

learn
aprender

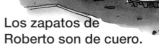

En la escuela aprendemos a leer.
At school we are learning to read.

leather
el cuero

Los zapatos de
Roberto son de cuero.
Robert's shoes are leather.

leave*
salir

Salgo para
la escuela
después del
desayuno.
I leave for school after breakfast.

left
izquierdo/a

Guillermo
agarraba el globo
en la mano izquierda.
William held the
balloon in his left hand.

leg
la pata

Una araña
tiene patas muy largas.
The spider has very long legs.

lemon
el limón

Elena está exprimiendo limones.
Helen is squeezing lemons.

lemonade
la limonada

Tomamos
limonada
cuando
hace calor.
We drink lemonade
when the weather is hot.

leopard
el leopardo

Un leopardo
vive en el zoológico.
A leopard lives at the zoo.

less*
menos

Roberto
tiene
menos postre
que Susana.
Robert has less
dessert than Susan does.

lesson
la lección

Es la hora para
la lección de
violín de Elena.
It is time for Helen's violin lesson.

letter
la carta

¿Me escribes una carta?
Will you write me a letter?

letter carrier
el cartero

El cartero pone el
correo en nuestro buzón.
The letter carrier
puts the mail in our mailbox.

lettuce
la lechuga

Guillermo
prepara
una ensalada
de lechuga.
William is
preparing a lettuce salad.

librarian
**el bibliotecario
la bibliotecaria**

La bibliotecaria
me ayuda a encontrar los libros.
The librarian helps me find books.

licorice
el regaliz

¡A María le
gusta el
helado de regaliz!
Mary loves
licorice ice cream!

lift
levantar

Por favor,
levanta la
tapa de la caja.
Please lift the top of the box.

light*
encender

Mamá está encendiendo una vela.
Mother is lighting a candle.

lightbulb
la bombilla

María puso una
bombilla nueva en la lámpara.
Mary put a new lightbulb in the lamp.

lightning
el relámpago

Los relámpagos
iluminan el cielo nocturno.
Lightning lights up the night sky.

like
como

Una es como la otra.
One is like the other.

like
gustar

¡A Esteban le gusta el helado!
Steven likes ice cream!

lime
la lima

¿De qué color es la lima?
What color is the lime?

line
la cola

No me gusta hacer cola.
I do not like standing in line.

lion
el león

Los leones
están durmiendo.
The lions are sleeping.

lip
el labio

Elena se
mordió el labio.
Helen bit her lip.

list
la lista

¿Cuántas
cosas están
en la lista?
How many things are on the list?

listen
escuchar

Los estudiantes
escuchan la música.
The students listen to the music.

little
pequeñito/a

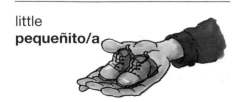

Las botitas del
bebé son pequeñitas.
The baby's shoes are little.

live
vivir

El perro
vive en una perrera pequeña.
The dog lives in a small house.

living room
la sala

Nuestra sala
tiene una chimenea.
Our living room has a fireplace.

lizard
la lagartija

Una lagartija
toma el sol en una piedra.
A lizard sat on a rock in the sun.

lobster
la langosta

El pescador
atrapó
una langosta.
The fisherman caught a lobster.

lock
cerrar con llave
Elena cerró la
puerta con
llave cuando
se marchó.
Helen locked
the door
when she left.

lock
la cerradura
Hay dos cerraduras en la puerta.
There are two locks on the door.

log
el leño

El tío
Eduardo
trajo
algunos leños.
Uncle Edward
carried in some logs.

lollipop
el chupete

Jaimito
dejó caer
el chupete.
Jimmy dropped his lollipop.

long
largo/a

Estos
pantalones
son demasiado
largos para Tomás.
The pants are
too long for Thomas.

look
mirar

Elena
está mirando el pastel de cereza.
Helen is looking at the cherry pie.

loud
fuerte

¡La campana
es muy fuerte!
The bell is very loud!

love
querer

Mamá quiere
mucho a Jaimito.
Mom loves Jimmy very much.

lunch
el almuerzo

Tomamos
sopa y bocadillos
para el almuerzo.
We ate soup
and sandwiches for lunch.

MmMmMmMm

magazine
la revista

Tomás
lee revistas
en casa.
Thomas reads
magazines at home.

magician
el mago

El mago
sacó un
conejo del
sombrero.
The magician
pulled a rabbit
out of his hat.

magnet
el imán

El imán atrae los clavos.
The magnet attracts the nails.

mail
el correo

Una carta
llegó para
Susana
en el
correo.
A letter came for Susan in the mail.

mailbox
el buzón

Cada casa
tiene su propio buzón.
Every home has a mailbox.

make*
hacer

Elena hizo
un pastel de postre.
Helen made a pie for dessert.

make-believe
**jugar a lo
imaginario**

Los niños juegan a lo imaginario.
Children play make-believe.

man*
el hombre

Mi tío
es un
hombre alto.
My uncle is
a tall man.

mane
la crin

El caballo
tiene crines largas.
The horse has a long mane.

many
muchos/as

¡Hay muchas velas en la torta!
There are many candles on the cake!

map
el mapa

Roberto mira el mapa.
Robert is looking at the map.

mask
la máscara

Este disfraz
tiene una máscara ridícula.
The costume has a silly mask.

match
el fósforo

Papá encendió el
fuego con los fósforos.
Dad lit the fire with his matches.

match
hacer juego

Estos calcetines
no hacen juego.
These socks do not match.

meal
la comida

El desayuno
es la primera comida del día.
Breakfast is the first meal of the day.

meat
la carne

Papá cortó la
carne para
los bocadillos.
Dad cut up the
meat for sandwiches.

mechanic
el mecánico

Un mecánico
arregla
coches
en la
gasolinera.

A mechanic fixes
cars at the gas station.

medal
la medalla

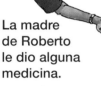

El corredor
ganó una medalla.

The runner won a medal.

medicine
la medicina

La madre
de Roberto
le dio alguna
medicina.

Robert's mother
gave him some medicine.

medium
mediano/a

El
globo
mediano
está entre el
grande y el pequeño.

The medium balloon is between the
large one and the small one.

melon
el melón

El abuelo
sembró melones
en su jardín.

Grandfather planted
melons in his garden.

melt
derretir (se)

El helado
de Elena se derritió.

Helen's ice cream melted.

menu
el menú

Leí el menú en el restaurante.
I read the menu at the restaurant.

messy
sucio/a

La cara de
Tomás está sucia.

Thomas's face is messy.

microphone
el micrófono

El cantante
cantó al
micrófono.

The singer sang
into a microphone.

microscope
el microscopio

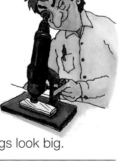

El microscopio
amplía las
cosas
pequeñas.

The microscope
makes small things look big.

milk
la leche

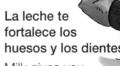

La leche te
fortalece los
huesos y los dientes.

Milk gives you
strong bones
and teeth.

mirror
el espejo

Elena se
está mirando
en el espejo.

Helen is looking at
herself in the mirror.

mittens
los mitones

Roberto
usa
mitones
cuando
hace frío.

Robert wears mittens when it's cold.

mix
mezclar

Guillermo
mezcló la
harina en
la masa
para galletas.

William mixed flour
into the cookie dough.

mom
mamá

Llamo a mi madre *mamá*.
I call my mother *mom*.

money
el dinero

Roberto compró
una pelota con su dinero.
Robert bought a ball with his money.

monkey
el mono

El mono
saltó de
rama en rama.

The monkey jumped
from branch to branch.

month
el mes

Hay cuatro semanas en un mes.
There are four weeks in a month.

moon
la luna

Los astronautas fueron a la luna.
The astronauts went to the moon.

more*
más

Jaimito quiere más leche.
Jimmy wants more milk.

morning
la mañana

Desayunamos cada mañana.
We have breakfast every morning.

mosquito
el zancudo

¡Un zancudo me picó!
A mosquito bit me!

moth
la polilla

La polilla se parece a la mariposa.
The moth looks like a butterfly.

mother
la madre

Mi madre me lee en voz alta.
My mother reads to me.

mountain
la montaña

Las montañas están cubiertas de nieve.
The mountains are covered with snow.

mouse*
el ratón

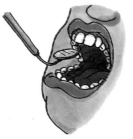

El ratón se metió en un agujero en la pared.
The mouse ran into a hole in the wall.

mouth
la boca

Abrí la boca para el dentista.
I opened my mouth for the dentist.

movie
la película

Los niños miraron la película.
The children watched a movie.

(too) much
demasiado/a

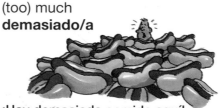

¡Hay demasiada comida aquí!
There is too much food here!

mud
el lodo

A los cerdos les gusta dar vueltas en el lodo.
Pigs love to roll around in the mud.

museum
el museo

Un museo tiene muchas estatuas.
A museum has many statues.

mushroom
el hongo

Hallamos hongos en la hierba mojada.
We found mushrooms in the wet grass.

music
la música

Elena compuso nueva música para la banda.
Helen wrote new music for the band.

mustache
los bigotes

El tío de Roberto tiene bigotes grandes.
Robert's uncle has a large mustache.

mustard
la mostaza

La mostaza es muy rica en los bocadillos de jamón.
Mustard is good on ham sandwiches.

NnNnNnNn

nail
clavar

Roberto clavó el letrero en la cerca.

Robert nailed the sign to the fence.

nail
el clavo

Roberto usó cuatro clavos.

Robert used four nails.

name
el nombre

¿Quién escribió su nombre en la bolsa?

Who wrote his name on the bag?

nap
la siesta

El abuelito prefiere la siesta al paseo.

Grandpa prefers a nap to a walk.

nap
echarse una siesta

Él se está echando una siesta en el sofá.

He is napping on the sofa.

napkin
la servilleta

María dejó caer la servilleta.

Mary dropped her napkin.

narrow
estrecho/a

El buzón es demasiado estrecho.

The mailbox is too narrow.

near
cerca de

La lámpara está cerca de la silla.

The lamp is near the chair.

neck
el cuello

Las girafas tienen cuellos muy largos.

Giraffes have long necks.

necklace
el collar

Elena lleva un collar de oro.

Helen is wearing a gold necklace.

necktie
la corbata

Roberto está vestido de corbata.

Robert is wearing a necktie.

need
necesitar

Necesitamos más leche.

We need more milk.

needle
la aguja

La abuelita cose con una aguja.

Grandma sews with a needle.

nest
el nido

Los pájaros pequeñitos esperan en su nido.

The baby birds are waiting in the nest.

net
la red

Lancé el balón por encima de la red.

I hit the ball over the net.

never
nunca

¡La maestra nunca llega tarde!

The teacher is never late!

new
nuevo/a

Esteban necesita zapatos nuevos.

Steven needs new shoes.

newspaper
el periódico

Elena lee
el periódico.

Helen is reading
the newspaper.

night
la noche

Las noches
son tranquilas en las montañas.

Nights are quiet in the mountains.

noise
el ruido

El loro hace demasiado ruido.

The parrot makes too much noise.

noodles
los fideos

Mi tía preparó
fideos para el almuerzo.

My aunt cooked noodles for lunch.

noon
el mediodía

Guillermo
come al
mediodía.

William eats at noon.

nose
la nariz
En el
invierno
la nariz se me
pone colorada.

In the winter my
nose becomes red.

note
la nota

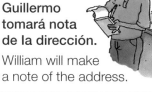

Guillermo
tomará nota
de la dirección.

William will make
a note of the address.

notebook
el cuaderno

Él está
escribiendo
la dirección en
su cuaderno.

He is writing the
address in his notebook.

notepad
**el bloc
de papel**

Hay un bloc
de papel
cerca del teléfono.

There is a notepad
near the telephone.

number
el número
¿Cuántos
números hay
en mi dirección?

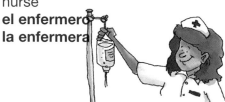

How many numbers
are there in my address?

nurse
**el enfermero
la enfermera**

La enfermera ayuda
a los pacientes a curarse.

A nurse helps make patients healthy.

nut
la nuez

Hay nueces
sobre el
helado de María.

Mary's ice cream
has nuts on top.

OoOoOoOo

oar
el remo

Los
remos están en el bote.

The oars are in the rowboat.

ocean
el océano

Las ballenas
viven en el océano.

Whales live in the ocean.

octopus
el pulpo

Un pulpo tiene ocho tentáculos.

An octopus has eight arms.

(fall) off
caerse de

Esteban
se cayó del caballo.

Steven fell off his horse.

office
la oficina

Mi papá va
a la oficina para trabajar.

My dad goes to the office to work.

often
a menudo

El semáforo
cambia a menudo.

The traffic light changes often.

oil
el aceite

Los coches
necesitan aceite y gasolina.

Cars have to have oil and gasoline.

old
viejo/a

María vestía
una camisa
nueva y
sus pantalones
vaqueros viejos.

Mary wore a
new shirt and
her old jeans.

omelet
**la tortilla
de huevos**

Cociné
una tortilla de huevos y queso.

I cooked an omelet with cheese.

on
en

Roberto pasea en su bicicleta.

Robert is on the bicycle.

onion
la cebolla

Mi papá come
cebollas con su
hamburguesa.

My dad eats onions
on his hamburger.

open
abrir

El bebé abrió
la boca para llorar.

The baby opened her mouth to cry.

open
abierto/a

La lluvia
entró por la
ventana abierta.

The rain came
in the open window.

orange
anaranjado/a

Mezcla el rojo y
el amarillo para
hacer el color
anaranjado.

Mix red and yellow to make orange.

orange
la naranja

Roberto se comió
una naranja para el almuerzo.

Robert ate an orange for lunch.

orchestra
la orquesta

¡La orquesta
tocó por
más de
una hora!

The orchestra
played for more
than an hour!

ostrich
el avestruz

El avestruz
es un pájaro
muy grande.

The ostrich is
a very large bird.

other
otro/a

¡El otro pedazo
de la torta es tuyo!

The other piece of cake is yours!

(go) out
salir

Esteban
salió por la puerta.

Steven went out the door.

outside
el exterior

El exterior de la caja es dorado.

The outside of the box is gold.

oven
el horno

El cocinero
abrió la puerta del horno.

The cook opened the oven door.

over
sobre

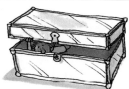

El avión voló
sobre la casa.

The airplane flew over our house.

owl
la lechuza

Las lechuzas
cazan
durante
la noche.

Owls hunt at night.

PpPpPpPp

package
el paquete

Había un paquete para mí en el buzón.

There was a package for me in the mailbox.

page
la página

Jaimito hizo un dibujo en esta página.

Jimmy drew on this page.

pail
la cubeta

Jaimito llevó la cubeta a la playa.

Jimmy took his pail to the beach.

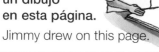

pain
el dolor
Roberto no se queja del dolor.

Robert doesn't complain about the pain.

paint
pintar

Elena pintó un retrato de su gato.

Helen painted a picture of her cat.

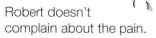

paint
la pintura
La pintura roja goteaba en la alfombra.

The red paint dripped on the rug.

paintbrush
la brocha

Esteban metió la brocha en la pintura.

Steven put the paintbrush into the paint.

pajamas
los pijamas

María viste pijamas con botitas.

Mary wears pajamas with feet.

palace
el palacio

El rey y la reina viven en un palacio.

The king and queen live in a palace.

pan
la sartén

Mamá cocina los huevos en una sartén.

Mother cooks eggs in a pan.

panda
el panda

El zoológico tiene un nuevo panda.

The zoo has a new panda.

pants
los pantalones

Roberto vestía una camisa blanca y pantalones negros.

Robert wore a white shirt and black pants.

paper
el papel

Elena hizo un dibujo en una hoja de papel.

Helen drew a picture on a piece of paper.

parachute
el paracaídas

El hombre saltó del avión con el paracaídas.

The man jumped from the airplane with a parachute.

parade
el desfile

Había payasos en el desfile.

There were clowns in the parade.

paramedic
el auxiliar médico

Los auxiliares médicos ayudan a las personas heridas.

Paramedics help people who are hurt.

parents
los padres

Mis padres se quieren mucho.

My parents love each other very much.

park
el parque

En nuestro parque hay césped, flores y bancos.

Our park has grass, flowers, and benches.

parrot
el loro

El loro
de la tía
Alicia le habla.

Aunt Alice's parrot talks to her.

part
la parte

El niño
comió una
parte de la manzana.

The boy ate part of the apple.

party
la fiesta

Jaimito tiene
una fiesta de cumpleaños.

Jimmy is having a birthday party.

passenger
el pasajero
la pasajera

Los
pasajeros
compran
boletos
para
ir en tren.

Passengers buy
tickets to ride the train.

paste
el pegamento

Alguien dejó el
pegamento en
la mesa.

Someone left
the paste on
the table.

paste
pegar

Tomás
pegó su
dibujo en
la página.

Thomas pasted
his picture on the page.

pasture
el prado

Las vacas
están en el prado.

The cows are in the pasture.

path
la senda

Guillermo
siguió la senda por el bosque.

William followed a path in the forest.

patient
el paciente
la paciente

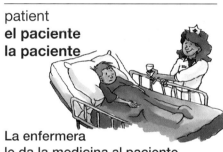

La enfermera
le da la medicina al paciente.

A nurse gives the patient medicine.

paw
la pata

El perro
levantó la pata.

The dog held up its paw.

pea
el guisante

Me gustan
los guisantes y
las zanahorias.

I like peas and carrots.

peach
el durazno

Roberto comió
un durazno con su cereal.

Robert ate a peach with his cereal.

peanut
el cacahuate

Elena
come
cacahuates
en el cine.

Helen eats peanuts at the movies.

pear
la pera

Hay dos peras y una manzana.

There are two pears and an apple.

pebble
la piedrecita

Susana
dejó
caer una
piedrecita
al agua.

Susan dropped a
pebble into the water.

pen
el bolígrafo

El estudiante
escribió con un bolígrafo.

The student wrote with a pen.

pencil
el lápiz

Guillermo
hace dibujos con un lápiz.

William draws pictures with a pencil.

pencil sharpener
el sacapuntas

Hay un
sacapuntas
en el salón
de clase.

There is a
pencil sharpener in the classroom.

penguin
el pingüino

Los pingüinos
viven sobre el hielo.

Penguins live on the ice.

people
las personas

Dos
personas
vinieron a nuestra casa.

Two people came to our house.

pepper
la pimienta

La pimienta
es negra, pero
la sal es blanca.

Pepper is black, but salt is white.

person
la persona

Una persona
llegó al colegio tarde.

One person was late for school.

pet
el animal doméstico

El cachorro
es el animal
doméstico
de Susana.

The puppy
is Susan's pet.

pet
acariciar

Susana
está acariciando su cachorro.

Susan is petting her puppy.

petal
el pétalo

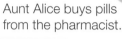

Esta flor
tiene pétalos
suaves y rojos.

This flower has
soft, red petals.

pharmacist
el farmacéutico
la farmacéutica

La tía Alicia
le compra
pastillas al
farmacéutico.

Aunt Alice buys pills
from the pharmacist.

pharmacy
la farmacia

La farmacia
vende medicinas.

The pharmacy sells medicine.

phone booth
la cabina telefónica

Papá llama
a la casa
de una cabina
telefónica.

Dad is calling
home from a
phone booth.

photograph
la fotografía

María lleva
una fotografía
de su padre.

Mary is carrying
a photograph of her dad.

piano
el piano

Roberto
toca el
piano mientras
su hermana canta.

Robert plays the piano
while his sister sings.

picnic
el picnic

Comimos
pollo en nuestro picnic.

We ate chicken at our picnic.

picture
el cuadro

En el museo,
hay cuadros
muy famosos.

In a museum,
there are very famous pictures.

pie
el pastel

¿Quién comió un
pedazo del pastel?

Who ate a piece of pie?

piece
el pedazo

¡Éste es
un pedazo muy grande!

This is a very large piece!

pig
el cerdo

Hay muchos
cerdos en la finca
del tío Eduardo.

There are many pigs
on Uncle Edward's farm.

piggy bank
la alcancía

María
guarda su dinero
en su alcancía.

Mary keeps money
in her piggy bank.

pile
el montón

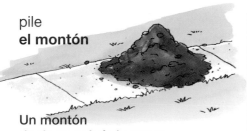

Un montón
de tierra cubría la acera.

A pile of dirt covered the sidewalk.

pill
la píldora

La enfermera le dio
a Tomás una píldora amarilla.

The nurse gave Thomas a yellow pill.

pillow
la almohada

Mi cama tiene
almohadas suaves para la cabeza.

My bed has soft pillows for my head.

pilot
el piloto, la piloto

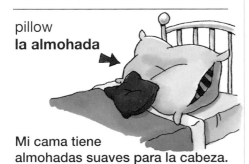

El piloto
está volando el avión.

The pilot is flying the airplane.

pin
el alfiler

¡Los alfileres son
muy puntiagudos!

Pins are very sharp!

pineapple
la piña

Susana puso
piña a la
ensalada
de frutas.

Susan put
pineapple
in the fruit salad.

pink
rosado/a

Susana
llevaba
sombrero
y abrigo
rosados.

Susan wore a pink hat and coat.

pitcher
**el lanzador
la lanzadora**

María es la
lanzadora de su
equipo de béisbol.

Mary is the pitcher
on her baseball team.

pitcher
la jarra

Tomás
derramó la
jarra de leche.

Thomas spilled
the milk pitcher.

place
el lugar

Una cama es
el lugar donde se duerme.

A bed is a place for sleeping.

plain
corriente

El regalo
venía envuelto
en papel
corriente sin
cinta alguna.

The gift came in
plain paper with no ribbons.

plain
la llanura

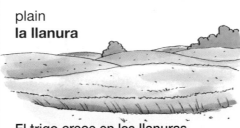

El trigo crece en las llanuras.

Wheat grows on the plains.

planet
el planeta

Los
planetas
dan vueltas
alrededor del sol.

The planets circle the sun.

plant
sembrar

El granjero está
sembrando maíz.

The farmer is planting corn.

plant
la planta

Se ven
muchas plantas
en la ventana.

You can see a lot of plants
in the window.

plate
el plato

En el plato
de Guillermo
hay carne
y papas.

William has meat
and potatoes on his plate.

play
tocar

María toca
la guitarra.

Mary plays the guitar.

play
jugar

Los niños
están jugando
en los columpios.

The children are
playing on the swings.

playground
el patio de recreo

Roberto
va al patio de recreo
después de las clases.
Robert goes to the
playground after school.

please
por favor

Más torta,
por favor.
More cake, please.

plumber
**el fontanero
la fontanera**

Un fontanero vino
para arreglar el fregadero.
A plumber came to fix the sink.

pocket
el bolsillo

¿Qué hay
en tu bolsillo?
What's in your pocket?

point
señalar (con el dedo)

Susana está
señalando el gato con el dedo.
Susan is pointing at the cat.

point
la punta

Esta aguja
tiene una punta muy aguda.
The needle has a sharp point.

polar bear
el oso polar

Los osos polares
tienen pelaje blanco.
Polar bears have white fur.

police
la policía

La policía
nos protege del peligro.
The police keep us safe.

police car
el coche patrullero

Un coche patrullero iba a
toda velocidad por la calle.
A police car raced down the street.

policeman*
el policía

Un policía
le dio a mi padre una multa.
A policeman gave my dad a ticket.

policewoman*
la mujer policía

La mujer policía
me enseñó
el camino.
The policewoman
showed me the way.

pond
la laguna

Las ranas
y los peces viven en la laguna.
Frogs and fish live in the pond.

ponytail
la cola de caballo

María se ató
una cinta
alrededor de
la cola de caballo.
Mary tied a ribbon
around her ponytail.

pool
la piscina

Nadamos
y jugamos en la piscina.
We swim and play in a pool.

popcorn
las palomitas de maíz

Esteban compra
palomitas de
maíz en el cine.
Steven buys popcorn at the movies.

porch
la veranda

Me
encanta sentarme en
la veranda al atardecer.
I love to sit on the porch at sunset.

porthole
la portilla

Una portilla es una
ventana en un barco.
A porthole is a window on a boat.

post office
el correo

Elena compra
sellos en
el correo.
Helen buys stamps
at the post office.

54

pot
la olla

Susana está revolviendo la sopa en la olla.

Susan is stirring the pot of soup.

---

potato
la papa

La abuela cortó las papas en rebanadas para hacer papas fritas.

Grandma cut up potatoes to make french fries.

---

potato chips
las hojuelas de papas fritas

Roberto comió hojuelas de papas fritas en el picnic.

Robert ate potato chips at the picnic.

---

powder
empolvar

María empolvó al bebé.

Mary powdered the baby.

---

practice
practicar

Elena está practicando el violín.

Helen is practicing the violin.

---

present
el regalo

Estos regalos son para el cumpleaños de Jaimito.

These presents are for Jimmy's birthday.

---

pretty
bonito/a

En el jardín crecen flores bonitas.

Pretty flowers grow in the garden.

---

price
el precio

Los precios de la comida están en el menú.

The prices for the food are on the menu.

---

prince
el príncipe

Un príncipe es el hijo de un rey y de una reina.

A prince is the son of a king and queen.

---

princess
la princesa

La princesa usaba una corona pequeña.

The princess wore a small crown.

---

prize
el premio

Roberto ganó un premio por correr rápido.

Robert won a prize for running fast.

---

puddle
el charco

Los niños caminaban por los charcos.

The children walked through the puddles.

---

pull
tirar de

María tiraba del carretón por la acera.

Mary pulled the wagon down the sidewalk.

---

pumpkin
la calabaza

Mamá talló una cara en mi calabaza.

Mommy carved a face in my pumpkin.

---

puppet
el títere

Guillermo tiene un títere en la mano.

William has a puppet on his hand.

---

puppy
el cachorro

¡Quiero mucho a mi nuevo cachorro!

I love my new puppy!

---

purple
morado/a

El jugo de uvas es morado.

Grape juice is purple.

---

purse
el bolso

Susana lleva el bolso en el hombro.

Susan carries her purse on her shoulder.

push
empujar

Esteban
empujó su plato a un lado.

Steven pushed his plate away.

put*
poner (se)

Esteban se
puso la mano sobre la cabeza.

Steven put his hand on his head.

puzzle
el rompecabezas

Este rompecabezas
es demasiado difícil.

This puzzle is too hard.

QqQqQqQq

queen
la reina

La reina
usa
joyas y
corona.

The queen wears
jewels and a crown.

quiet
callado/a

Por favor, estate callado.

Please be quiet.

RrRrRrRr

rabbit
el conejo

Tomás tiene
un conejo blanco.

Thomas has a white rabbit.

race
competir en una carrera

Competiré contigo en una
carrera, para llegar
primero a ese árbol.

I will race you to the tree.

race
la carrera

¿Quién ganará
esta carrera?

Who will win this race?

radio
la radio

La radio
de Elena está
demasiado alta.

Helen's radio is too loud.

rag
el trapo

Tomás limpió
la mesa
con un trapo.

Thomas cleaned up
the table with a rag.

rain
la lluvia

Salía lluvia
de las
nubes negras.

Rain came from
the dark clouds.

rainbow
el arco iris

Había un
arco iris en el cielo.

There was a rainbow in the sky.

raincoat
el impermeable

Susana tiene
un impermeable
amarillo.

Susan has
a yellow raincoat.

rake
el rastrillo

Guillermo
recoge hojas
con un rastrillo.

William rakes the leaves with a rake.

ranch
el rancho

Los vaqueros
viven en los ranchos.

Cowboys live on ranches.

raspberries
las frambuesas

María comió
frambuesas
con su helado.

Mary ate raspberries
with her ice cream.

rat
la rata

El gato corrió
detrás de la rata.

The cat ran after the rat.

read*
leer

Guillermo le está
leyendo un cuento a Jaimito.

William is reading Jimmy a story.

receive
recibir

María recibió
un regalo de Guillermo.

Mary received a gift from William.

red
rojo/a

Las manzanas,
las cerezas y
las frambuesas
son rojas.

Apples, cherries,
and raspberries are red.

refrigerator
el refrigerador

Se conserva
la leche en
el refrigerador.

Milk is kept in the refrigerator.

reins
las riendas

Guillermo
guía al caballo
con las riendas.

William steers his
horse with the reins.

relative
**el pariente
la pariente**

Mis tíos
son dos de
mis parientes.

My aunt and uncle
are two of my relatives.

reporter
**el periodista
la periodista**

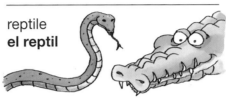

Ese
periodista escribe
para un periódico.

That reporter writes for a newspaper.

reptile
el reptil

Las culebras
y los caimanes son reptiles.

Snakes and alligators are reptiles.

restaurant
el restaurante

Esteban y
su papá
cenaron en
un restaurante.

Steven and his dad
ate dinner at a restaurant.

rhinoceros
el rinoceronte

El rinoceronte
es un animal
muy grande
con un cuerno.

The rhinoceros
is a large animal
with a horn.

ribbon
la cinta

La madre
de Susana
le ató una
cinta al pelo.

Susan's mother
tied a ribbon in her hair.

rice
el arroz

A Elena
le gusta el arroz con pollo.

Helen likes chicken with rice.

ride*
montar

Guillermo monta
en bicicleta para ir al colegio.

William rides his bicycle to school.

right
derecho/a

María se
puso la mano
derecha sobre
el corazón.

Mary put her right
hand on her heart.

right
correcto/a

¿Cuál
es el camino correcto?

Which is the right way?

ring*
tocar

Guillermo
está tocando
la campana,
llamándonos a la cena.

William is ringing the dinner bell.

ring
el anillo

Mamá lleva un anillo de boda.

Mom wears a wedding ring.

river
el río

¿Puedes ver
el río en el valle?
Can you see the river in the valley?

road
el camino

Ese
camino
va entrando
en el bosque.
That road goes into the forest.

roar
rugir

El león rugió.
The lion roared.

roast
asar
Elena asó un pavo
en el horno.
Helen roasted
a turkey in
the oven.

roast
el asado
¡El asado
es delicioso!
The roast is delicious!

robe
la bata

Roberto
usa
bata y
pijamas.
Robert is
wearing a robe
and pajamas.

robin
el petirrojo

Los huevos de
los petirrojos son azules.
Robins' eggs are blue.

rock
la piedra

María
halló una
piedra
bonita en
la playa.
Mary found
a pretty rock on the beach.

rock
mecer (se)

Al tío
Eduardo le
encanta
mecerse.
Uncle Edward loves to sit and rock.

roll
dar una vuelta

Mi perro puede
dar una vuelta y levantarse.
My dog can roll over and sit up.

roller skates
los patines de ruedas

Elena va
rápido en los
patines de ruedas.
Helen goes fast
on her roller skates.

roof
el tejado

Nuestra
casa tiene un tejado rojo.
Our house has a red roof.

room
el cuarto

Esteban tiene su propio cuarto.
Steven has his own room.

rooster
el gallo

El gallo
se para en la cerca.
The rooster is standing on the fence.

rope
la soga

Guillermo
ató una soga
a su carretón.
William tied a
rope to his wagon.

rose
la rosa

¡Las rosas
huelen tan bien!
Roses smell so good!

round
redondo/a

La pelota
es redonda.
The ball is round.

rowboat
el bote de remos

El
pescador está sentado
en su bote de remos en el lago.
The fisherman sits in a
rowboat on the lake.

rub
frotar (se)
Tomás
se frota la
cara con
una toalla.
Thomas rubs his face with a towel.

rug
la alfombra
El gato se
está echando
una siesta en la alfombra.
The cat is napping on the rug.

ruler
la regla
Tomás
traza
una línea con la regla.
Thomas draws the line with a ruler.

run*
correr
Elena
corre
más rápido
que Susana.
Helen runs faster than Susan.

runner
el corredor
la corredora

Los corredores van muy de prisa.
The runners are going very fast.

SsSsSsSs

sack
la bolsa
Esteban lleva
el almuerzo
en una bolsa.
Steven carries his lunch in a sack.

sad
triste
Ese niño
está triste.
The little boy is sad.

saddle
la silla de montar

Elena estaba
sentada en la
silla de montar.
Helen sat in the saddle.

safe
protegido/a
Los
cinturones de
seguridad nos mantienen
protegidos en el coche.
Seat belts keep us safe in the car.

safe
la caja fuerte
El tío Eduardo
guarda su dinero
en una caja fuerte.
Uncle Edward keeps
his money in a safe.

sail
navegar

Un bote
navegaba por el lago.
A small boat sailed on the lake.

sailboat
el velero

Un velero está
amarrado al muelle.
A sailboat is tied to the dock.

sailor
el marinero
Los marineros
usan
uniformes
limpios.
Sailors wear
clean uniforms.

salad
la ensalada
Esteban comió
una ensalada con la cena.
Steven ate a salad with his dinner.

salt
la sal

Guillermo
echó sal a las
palomitas de maíz.
William added
salt to the popcorn.

sand
la arena

Construimos
un castillo de arena.
We built a sand castle.

sandals
las sandalias

Susana
usa sandalias
en el
verano.

Susan wears
sandals in
the summer.

---

sandbox
el cajón de arena

Guillermo
está jugando en el cajón de arena.

William is playing in the sandbox.

---

sandwich
el sándwich

Roberto toma
un sándwich
de jamón
y queso.

Robert's having a
ham and cheese sandwich.

Santa Claus
San Nicolás

¿Tiene
San Nicolás
un regalo para ti?

Does Santa Claus
have a present for you?

---

saucer
el platillo

El té se
derramó
en el platillo.

Some tea spilled into the saucer.

---

sausage
el chorizo

María comió
chorizo y
huevos para
el desayuno.

Mary had sausage
and eggs for breakfast.

---

saw
cortar con serrucho

Papá cortó
leña para el
fuego con un serrucho.

Dad sawed logs for the fire.

---

saxophone
el saxofón

María
está aprendiendo
a tocar el saxofón.

Mary is learning
to play the saxophone.

---

scale
la escama

El pez está
recubierto de
escamas doradas.

The fish is covered
with gold scales.

---

scale
la balanza

El gordo
se paró
sobre la balanza.

The fat man
stood on the scale.

---

scarecrow
el espantapájaros

El espantapájaros
asusta a los pájaros.

The scarecrow frightens
the birds away.

---

scarf*
la bufanda

María llevaba
una bufanda
rosada en el cuello.

Mary wore a pink
scarf around her neck.

---

school
la escuela

La escuela es
un edificio de ladrillos rojos.

The school is a red-brick building.

---

school bus
el autobús escolar

El autobús
escolar es grande y amarillo.

The school bus is big and yellow.

---

scientist
el científico
la científica

El científico
mira por su
microscopio.

The scientist is looking
through his microscope.

---

scissors
las tijeras

Susana
recortó
muñecas
de papel con
las tijeras.

Susan cut out paper
dolls with the scissors.

---

screw
el tornillo

Con los tornillos se puede
montar cosas.

Screws hold things
together.

---

screwdriver
el destornillador

Papá está usando
el destornillador.

Dad is using the screwdriver.

sea
el mar

Las ballenas
y los tiburones nadan en el mar.
Whales and sharks swim in the sea.

seal
la foca

La foca puede
balancear un balón
de baloncesto
en la nariz.
The seal can
balance a basketball on its nose.

seashell
la concha marina

Tomás
halló algunas
conchas marinas
en la playa.
Thomas found
some seashells at the beach.

seat
el asiento

Tomás se sentó en
un asiento cerca de la puerta.
Thomas sat in a seat near the door.

seat belt
**el cinturón
de seguridad**

Ponte el
cinturón de seguridad en el avión.
Wear your seat belt in the airplane.

seaweed
**el alga
marina**

Las
algas marinas
crecen en el océano.
Seaweed grows in the ocean.

secretary
**el secretario
la secretaria**
La secretaria
tiene una
computadora
en su
escritorio.

The secretary
has a computer at her desk.

see*
ver

Puedo ver el tren acercarse.
I can see the train coming.

seed
la semilla

El pájaro
está comiendo semillas.
The bird is eating seeds.

seesaw
el sube y baja

El sube y baja
está en el parque.
The seesaw is in the park.

sell*
vender

Esteban
vende helado en el parque.
Steven sells ice cream in the park.

sew*
coser

¿Podrías
coser este botón?
Could you sew this button on?

sewing machine
**la máquina
de coser**

Mamá
confecciona ropa en
la máquina de coser.
Mom makes clothes
on the sewing machine.

shadow
la sombra

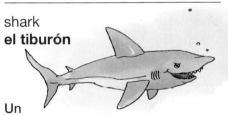

El gato está
jugando con su propia sombra.
The cat is playing with its shadow.

shark
el tiburón

Un
tiburón es un pez muy grande.
A shark is a big fish.

sharp
afilado/a

Esteban cortó el hilo
con un cuchillo afilado.
Steven cut the string
with a sharp knife.

sheep*
la oveja

La oveja huyó del perro.
The sheep ran away from the dog.

sheet
la sábana

En la cama de Elena
hay sábanas limpias.
Helen's bed has clean sheets on it.

shelf*
el estante

El cereal está en el estante de más abajo.

The cereal is on the bottom shelf.

ship
el barco

Este barco grande navega por el océano.

This big ship sails on the ocean.

shipwreck
el buque náufrago

Hay un viejo buque náufrago en la playa.

There is an old shipwreck on the beach.

shirt
la camisa

María usa la camisa del equipo de béisbol.

Mary wears her team's baseball shirt.

shoe
el zapato

¿De quién son estos zapatos rojos?

Whose red shoes are these?

shoelace
el cordón

Los zapatos de Tomás tienen cordones negros.

Thomas's shoes have black shoelaces.

shop
la tienda

Guillermo está en una tienda, mirando los juguetes.

William is in a shop, looking at toys.

shop
ir de compras

Él va de compras, buscando un regalo.

He is shopping for a gift.

shore
la ribera

Nos sentamos en la ribera y miramos los barcos.

We sat on the shore and watched the boats.

short
bajo/a

Esteban es bajo, pero Susana es alta.

Steven is short, but Susan is tall.

shorts
los pantalones cortos

Elena usa pantalones cortos para jugar a la pelota.

Helen wears shorts to play ball.

shoulder
el hombro

El loro se posó en el hombro de Susana.

The parrot sat on Susan's shoulder.

shovel
la pala

El granjero está cavando con la pala.

The farmer is digging with a shovel.

show*
mostrar

Esteban nos muestra su reloj.

Steven is showing us his watch.

show*
salir

Sale el sol un poquito.

The sun is showing a little bit.

shower
la ducha

Tomás está en la ducha.

Thomas is in the shower.

sick
enfermo/a

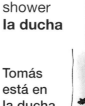

Guillermo está muy enfermo.

William is very sick.

side
el costado

Tomás tiene un dolor en el costado.

Thomas has a pain in his side.

62

sidewalk
la acera

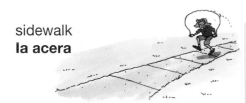

La niña
salta a la cuerda en la acera.

The girl jumps rope on the sidewalk.

sign
el letrero

Hay un
letrero
delante de
esta casa.

There is a sign in
front of this house.

signature
la firma

María escribió
la firma en
el papel.

Mary wrote her
signature on the paper.

silly
cómico/a

Nos reímos
del abuelito
cuando se pone
un sombrero
cómico.

We laugh when
Grandpa puts on a silly hat.

silver
la plata

Guillermo
tiene un
anillo de plata.

William has a silver ring.

sing*
cantar

María le está cantando
a su clase.

Mary is singing
for her class.

singer
el cantante
la cantante

Ella es una
cantante fabulosa.

She is a fabulous singer.

sink
el fregadero

Elena lavó los
platos en el fregadero.

Helen washed the dishes in the sink.

sister
la hermana

Mi hermana
menor está
sentada en
mi regazo.

My little sister is sitting on my lap.

sit*
sentarse

Jaimito
se sienta
en la silla.

Jimmy sits on the chair.

size
el tamaño

¿De qué
tamaño
es la
camisa?

What size is the shirt?

skate
el patín

Tomás tiene
unos patines
nuevos.

Thomas has
some new skates.

skate
patinar

Él está
patinando sobre la laguna.

He is skating on the pond.

skateboard
el monopatín

Guillermo va
de paseo en
su monopatín.

William is riding his skateboard.

ski
el esquí

Mamá puso los esquís
sobre el techo del coche.

Mom put our skis on top of the car.

ski
esquiar

Todos
vamos
a esquiar.

We are all going skiing.

skirt
la falda

Mi falda tiene
un estampado
de flores.

My skirt has
a flower print.

skunk
el zorrillo

El zorrillo
tiene un olor terrible.

The skunk has a terrible smell.

sky
el cielo

El cielo está
lleno de nubes blancas.

The sky is full of white clouds.

skyscraper
el rascacielos

El rascacielos es un edificio muy alto.

A skyscraper is a very tall building.

sled
el trineo

María va en su trineo cuesta abajo.

Mary is riding her sled down the hill.

sleep*
dormir

¡Cállate! El bebé está durmiendo.

Shhh, the baby is sleeping.

sleeve
la manga
Tengo un agujero en la manga de la camisa.

I have a hole in my sleeve.

slide*
resbalarse

Los niños están resbalándose en el hielo.

The children are sliding on the ice.

slow
lento/a

Las tortugas son lentas, y los conejos son rápidos.

Turtles are slow, and rabbits are fast.

small
pequeño/a

Elena tiene un cachorro pequeño en su casa.

Helen has a small puppy at her house.

smell
el olor

¿Qué es ese olor rico?

What is that good smell?

smell
oler

Se puede oler el pan que se está horneando.

You smell the bread baking.

smile
sonreír (se)
María me sonrió.

Mary smiled at me.

smile
la sonrisa
Ella tiene una sonrisa simpática.

She has a pretty smile.

smoke
el humo

¿Ves el humo?

Do you see the smoke?

snack
la merienda

Tomás siempre toma la merienda por la tarde.

Thomas always has a snack in the afternoon.

snail
el caracol

El caracol es muy lento.

The snail is very slow.

snake
la culebra

Las culebras son reptiles limpios y secos.

Snakes are clean, dry reptiles.

sneeze
estornudar

Las flores le hacen estornudar a María.

Flowers make Mary sneeze.

snow
la nieve

Guillermo está limpiando la nieve de la acera.

William is cleaning the snow off the sidewalk.

snowball
la bola de nieve

Elena le arrojó una bola de nieve a su hermano.

Helen threw a snowball at her brother.

snowflake
el copo de nieve

Muchos copos de nieve caen durante una nevada.

Many snowflakes fall in a snowstorm.

snowman*
el muñeco de nieve

Los niños
construyeron
un muñeco de
nieve en el patio.

The children built
a snowman in the yard.

snowstorm
la nevada

Hubo una nevada anoche.

There was a snowstorm last night.

soap
el jabón

María se
lava las
manos con jabón.

Mary washes
her hands with soap.

socks
los calcetines

María
usa
calcetines
amarillos.

Mary is wearing
yellow socks.

sofa
el sofá

Nos sentamos
en el sofá al lado
de la chimenea.

We sat on the sofa next to the fireplace.

soft
suave

El pelaje del
gato es suave.

A cat's fur is soft.

soft drink
el refresco

Roberto
puso hielo en
su refresco.

Robert put ice in his soft drink.

some
alguno/a

Algunos
capullos están abiertos.

Some buds are open.

somersault
la voltereta

Elena da
volteretas
en el aire.

Helen does
somersaults in the air.

son
el hijo

Esa mujer tiene un hijo.
That woman has a son.

soon
pronto

Debo
acostarme pronto.
I must go to bed soon.

soup
la sopa

Esteban se
comió sopa
de tomate
con galletas.

Steven ate tomato
soup and crackers.

space
el espacio

Hay
espacio
para más
libros.

There is space
for more books.

spaceship
la astronave

Esta astronave está en la luna.

This spaceship is on the moon.

sparrow
el gorrión

Hay dos
gorriones
en el árbol.

There are two
sparrows in the tree.

speak*
hablar

Roberto está hablando con Elena.
Robert is speaking to Helen.

spider
la araña

Una araña
grande y negra
trepó a la pared.

A large, black spider ran up the wall.

spiderweb
la telaraña

En el
rincón hay
una telaraña.

There is a spiderweb in the corner.

spill
derramar

¿Quién derramó la leche?

Who spilled the milk?

spin*
**dar
vueltas**

El trompo
da vueltas rápidamente.

The top is spinning very fast.

spinach
las espinacas

Elena
sembró espinacas en el jardín.

Helen planted spinach in the garden.

spoke
el rayo

Algunos
rayos están
descompuestos.

Some spokes are broken.

sponge
la esponja

Tomás limpió
la mesa con
una esponja.

Thomas cleaned the
table with a sponge.

spoon
la cucharita

El abuelo
mezcla el
café con una
cucharita.

Grandfather stirs
his coffee with a spoon.

sports
los deportes

A Roberto le
encantan
los deportes.

Robert loves sports.

spot
la mancha

Mi perro es
blanco con manchas negras.

My dog is white with black spots.

spotlight
**la luz del
proyector**

El cantante
está parado
en la luz del proyector.

The singer stands in the spotlight.

spread*
esparcir

María esparció
mantequilla en
el pan caliente.

Mary spread butter on the hot bread.

spring
la primavera

Salen
las flores en la primavera.

Flowers come out in the spring.

sprinkler
la regadera

Una regadera
riega el césped.

A sprinkler waters the lawn.

square
el cuadrado

¿Cuántos cuadrados hay?

How many squares are there?

squeeze
estrujar

Roberto
estrujó la
salsa
de tomate
de la botella.

Robert squeezed the ketchup bottle.

squirrel
la ardilla

Una ardilla
se subió
al árbol.

A squirrel
ran up the tree.

stable
el establo

Los caballos
duermen en el establo.

The horses sleep in the stable.

stage
**el
escenario**

La banda está en el escenario.

The band is on the stage.

stairs
las escaleras

Elena
subió
por las
escaleras a
su dormitorio.

Helen walked up
the stairs to her bedroom.

stamp
patalear

María
estaba
enojada
y pataleó.

Mary was angry
and stamped her foot.

stamp
el sello

El sello se
pone en el sobre.

The stamp goes on the envelope.

stand*
pararse

Por favor,
¡párate
derecho!

Please stand
up straight!

stapler
la grapadora

La grapadora está vacía.

The stapler is empty.

staples
las grapas

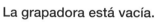

María pone
grapas en la grapadora.

Mary is putting staples in the stapler.

star
la estrella

De noche
podemos ver
las estrellas.

We see the stars at night.

starfish*
la estrella de mar

Elena halló una
estrella de mar en la playa.

Helen found a starfish on the beach.

statue
la estatua

La estatua
no tiene
cabeza.

The statue
has no head.

steak
el bistec

Mi papá
asa bistec
con hongos.

My dad cooks
steak with mushrooms.

steer
conducir

María
condujo
la bicicleta
alrededor
del hoyo.

Mary steered the
bicycle around the hole.

stem
el tallo

Las flores
tienen
tallos muy
largos.

The flowers
have very
long stems.

step
el escalón

Jaimito subió
dos escalones.

Jimmy went up two steps.

stereo
el estéreo

Guillermo
escucha el estéreo.

William listens to the stereo.

stethoscope
el estetoscopio

El médico
me escucha
el corazón con
un estetoscopio.

The doctor listens to
my heart with a stethoscope.

stick
el palito

Elena
lanzó un
palito para
que el perro
lo recogiera.

Helen threw a stick
for her dog to catch.

stilts
los zancos

El hombre
con zancos
es más
alto que
el techo.

The man on stilts
is taller than the roof.

stir
revolver

La tía Alicia está
revolviendo la salsa.

Aunt Alice is stirring the gravy.

stirrups
los estribos

Mete los pies en los estribos.
Slide your feet into the stirrups.

stone
la piedra

La muralla era de piedras.
The wall was made of stones.

stop
parar

Paramos el coche en la luz roja.
We stopped the car for the red light.

stop sign
la señal de alto
Hay una señal de alto en la esquina.
There is a stop sign at the corner.

storm
la tormenta

La lluvia, los relámpagos y el viento acompañaron a la tormenta.
Rain, lightning, and wind came with the storm.

stove
la estufa

Mi mamá prepara el cereal caliente en la estufa.
My mom cooks hot cereal on the stove.

straight
lacio/a

El pelo de María es lacio.
Mary's hair is straight.

straw
la pajita

Esteban bebe leche con una pajita.
Steven drinks milk with a straw.

strawberry
la fresa

Comimos fresas con nuestro helado.
We ate strawberries with our ice cream.

stream
el arroyo

Elena y Susana saltaron el arroyo.
Helen and Susan jumped over the stream.

street
la calle

Esta calle es para los coches, no para los camiones.
This street is for cars, not trucks.

string
el cordel

Roberto ató los paquetes con cordel.
Robert tied the packages with string.

stripe
la raya

Esa bandera tiene rayas rojas y blancas.
That flag has red and white stripes on it.

stroller
el cochecito

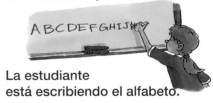

El bebé está sentado en el cochecito.
The baby is in the stroller.

strong
fuerte

Los elefantes son muy fuertes.
Elephants are very strong.

student
el estudiante, la estudiante

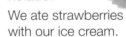

La estudiante está escribiendo el alfabeto.
The student is writing the alphabet.

submarine
el submarino

Los submarinos van debajo del océano.
Submarines go under the ocean.

suds
la espuma de jabón

El agua y la espuma de jabón se escurrieron por el piso.
Water and suds spilled on the floor.

sugar
el azúcar

Susana
pone azúcar
en el cereal.
Susan puts sugar on her cereal.

suit
el traje

Mi traje
es nuevo.
My suit is new.

suitcase
la maleta

Caben más
camisas en
la maleta.
There is room for more
shirts in the suitcase.

summer
el verano

Hace mucho calor en el verano.
The weather is hot in the summer.

sun
el sol

El sol ilumina la Tierra.
The sun lights up the Earth.

sunrise
el amanecer

Los pájaros
cantan al amanecer.
The birds sing at sunrise.

sunset
el atardecer

Los atardeceres del
invierno pueden ser bellos.
Winter sunsets can be beautiful.

supermarket
el supermercado

Mamá hace
las compras en
el supermercado.
Mom shops at the supermarket.

surround
rodear

Los arbustos rodean el patio.
Bushes surround the yard.

swan
el cisne

Los cisnes
viven en la laguna del parque.
Swans live in the pond at the park.

sweater
el suéter

Mi abuela
me dio un
suéter nuevo.
My grandmother
gave me a new sweater.

sweatpants
los pantalones de entrenamiento

Tomás
recibió
pantalones de
entrenamiento para
su cumpleaños.
Thomas received
sweatpants for his birthday.

sweatshirt
la camisa de entrenamiento
María se
puso una
camina de
entrenamiento.
Mary put on
her sweatshirt.

sweep*
barrer

Guillermo
está barriendo el piso.
William is sweeping the floor.

swim*
nadar

¡Elena nada
tan rápido como un pez!
Helen swims as fast as a fish!

swing
el columpio
En el árbol de
Roberto
hay un
columpio.
Robert has a swing
in his tree.

swing
columpiarse
Esteban está
columpiándose en él.
Steven is swinging on it.

Tt *Tt* Tt *Tt*

table
la mesa

Desayunamos
en la mesa
de la cocina.

We eat breakfast
at the kitchen table.

tablecloth
el mantel

María ha
puesto un
mantel en la mesa.

Mary spread a
tablecloth on the table.

tadpole
el renacuajo

¡Este renacuajo
se convertirá
en una rana!

This tadpole will grow into a frog!

tail
la cola

El león tiene
una cola muy larga.

The lion has a very long tail.

take*
tomar

Elena se tomó
dos pedazos.

Helen took two pieces.

talk
hablar

Tomás
está hablando
por teléfono.

Thomas is talking on the telephone.

tall
alto/a

Un árbol es
muy alto.

One tree is very tall.

target
el blanco

Elena dio
en el blanco con su flecha.

Helen hit the target with her arrow.

taxi
el taxi

Roberto
fue al aeropuerto en taxi.

Robert went to the airport in a taxi.

tea
el té

Mi mamá
toma té
con limón.

My mom drinks her tea with lemon.

teach*
enseñar
Susana
le está
enseñando
a María a
jugar al tenis.

Susan is teaching
Mary to play tennis.

teacher
el maestro
la maestra

Susana
es una buena
maestra.

Susan is a good teacher.

team
el equipo

Hay
chicas y
chicos
en mi
equipo.

There are girls and
boys on my team.

teeth*
los dientes

Te veo
los dientes cuando te sonríes.

I see your teeth when you smile.

telephone
el teléfono

Hay un
teléfono cerca
de la cama de María.

Mary has a telephone near her bed.

television
el televisor

El abuelito tiene un
televisor en su taller.

Grandpa has
a television in his workshop.

tell*
decir

Guillermo le dijo a su
perro que se fuera a casa.

William told his dog to go home.

teller
el cajero
la cajera

La cajera
le dio el cambio a Tomás.

The teller gave Thomas his change.

tennis
el tenis

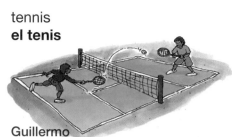

Guillermo
y Esteban están jugando al tenis.
William and Steven are playing tennis.

tennis racket
la raqueta de tenis

Guillermo
sostiene
la raqueta
de tenis.
William is holding his tennis racket.

tent
la tienda de campaña

Las chicas durmieron en
una tienda de campaña grande.
The girls slept in a large tent.

tentacle
el tentáculo

Los
brazos
del pulpo
se llaman
tentáculos.
Octopus arms are called tentacles.

terrible
espantoso/a

¿Qué
era ese
ruido tan espantoso?
What was that terrible noise?

than
que

Susana es
más alta
que Jaimito.
Susan is taller
than Jimmy.

---

thank you
gracias

Gracias por decir "por favor."
Thank you for saying "please."

there
allí

Ponlo allí, por favor.
Please put it there.

thermometer
el termómetro

El termómetro
nos indica la
temperatura.
The thermometer
tells us the temperature.

thin
delgado/a

Elena está
demasiado
delgada para
llevar mi cinturón.
Helen is too thin
to wear my belt.

thing
la cosa

¿Qué es
esta cosa?
What is this thing?

think*
pensar

Esteban está
pensando en su cumpleaños.
Steven is thinking of his birthday.

---

thread
el hilo

El hilo
pasa por el
ojo de la aguja.
The thread goes
through the eye of the needle.

throne
el trono

El rey y la
reina están
sentados en su trono.
The king and queen sit on their thrones.

through
por

Guillermo
pasó
por la puerta.
William walked
through the door.

throw*
tirar

Tírame
la pelota.
Throw the basketball to me.

thumb
el pulgar

Papá se
pegó el pulgar con el martillo.
Dad hit his thumb with the hammer.

ticket
el boleto

Tomás
compró un boleto
para ir al cine.
Thomas bought a
ticket to see the movie.

71

tie
atar

El granjero ató al toro a la cerca.
The farmer tied the bull to the fence.

tie
la corbata

Esta corbata es para el cumpleaños de papá.
This tie is for Dad's birthday.

tiger
el tigre

Los tigres viven en la selva.
Tigers live in the jungle.

tightrope
la cuerda floja

Hay una red debajo de la cuerda floja.
There is a net under the tightrope.

time
el tiempo

¿Cuánto tiempo necesitas?
How much time do you need?

tire
la llanta

Las llantas de este tractor son tan altas como mi papá.
The tires on this tractor are as tall as my dad.

to
a

Quiero ir a la cama.
I want to go to bed.

toad
el sapo

Este sapo no te puede hacer daño.
This toad cannot hurt you.

toast
la tostada

María untó mermelada de uvas en la tostada.
Mary spread grape jam on her toast.

toaster
la tostadora

Nuestra tostadora puede tostar cuatro rebanadas de pan.
Our toaster can toast four slices of bread.

toe
el dedo (del pie)

Las personas tienen cinco dedos en cada pie.
People have five toes on each foot.

together
juntos/as

Susana y Tomás están parados juntos.
Susan and Thomas are standing together.

toilet
el inodoro

El inodoro está cerca del lavabo.
The toilet is near the sink.

tomato
el tomate

Guillermo cortó un tomate para la ensalada.
William cut up a tomato for the salad.

tongue
la lengua

La lengua de Guillermo está morada.
William's tongue is purple.

toolbox
la caja de herramientas

El carpintero lleva una caja de herramientas en su camioneta.
The carpenter carries a toolbox in his truck.

tooth*
el diente

Al bebé le ha salido el primer diente.
The baby has his first tooth.

toothbrush
el cepillo de dientes

El dentista me dio un cepillo de dientes nuevo.
The dentist gave me a new toothbrush.

toothpaste
la pasta dentífrica

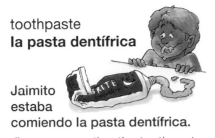

Jaimito estaba comiendo la pasta dentífrica.

Jimmy was eating the toothpaste.

---

top
la superficie

Derramé mermelada sobre la superficie de la mesa.

I spilled jam on the top of the table.

---

top
el trompo

Este trompo da vueltas rápidamente.

This top is spinning very fast.

---

top hat
el sombrero de copa

El bailarín se ha puesto un sombrero de copa.

The dancer is wearing a top hat.

---

tornado
el tornado

El tornado pasó por el pueblo remolinándose.

The tornado swept through the town.

---

towel
la toalla

Tomás secó los platos con una toalla vieja.

Thomas dried the dishes with an old towel.

---

tower
la torre

Hay cuatro torres en el castillo.

The castle has four towers.

---

town
el pueblo

Nuestro pueblo es muy bonito.

Our town is very pretty.

---

toy
el juguete

Los niños sacaron todos sus juguetes.

The children took out all their toys.

---

toy store
la juguetería

María compró una muñeca en la juguetería.

Mary bought a doll at the toy store.

---

tractor
el tractor

El granjero manejó el tractor por el campo.

The farmer drove the tractor around the field.

---

traffic jam
el embotellamiento de tráfico

Hay un embotellamiento de tráfico en la ciudad.

There is a traffic jam in the city.

---

traffic light
el semáforo

Hay que parar cuando el semáforo está en rojo.

Stop when the traffic light is red.

---

train
el tren

El tren no salió a tiempo.

The train did not leave on time.

---

train station
la estación del tren

Los pasajeros esperaban en la estación del tren.

The passengers waited at the train station.

---

trampoline
el trampolín

Los niños están saltando en el trampolín.

The children jump up and down on the trampoline.

---

trapeze
el trapecio

Susana se agarra al trapecio con las rodillas.

Susan hangs by her knees on the trapeze.

---

tray
la bandeja

El camarero nos trajo la comida en una bandeja.

The waiter brought us our food on a tray.

treasure
el tesoro

Esteban está desenterrando un tesoro en la playa.

Steven is digging up treasure on the beach.

tree
el árbol

Hay un árbol al lado de la iglesia.

There is a tree by the church.

tricycle
el triciclo

¿De quién es el triciclo que está en el camino particular?

Whose tricycle is in the driveway?

trombone
el trombón

Roberto me está enseñando a tocar el trombón.

Robert is teaching me how to play the trombone.

trophy
el trofeo

Susana ganó un trofeo por ser la primera.

Susan won a trophy for being first.

trousers
los pantalones

Papá usa los pantalones nuevos para ir al trabajo.

Dad wears his new trousers to work.

truck
el camión

El camión está lleno de cajas de la fábrica.

The truck is full of boxes from the factory.

trumpet
la trompeta

El maestro de música le dio una trompeta a Susana.

The music teacher gave Susan a trumpet.

trunk
la trompa

La nariz del elefante es la trompa.

The elephant's nose is called a trunk.

trunk
la maletera

Las maletas están en la maletera del coche.

The suitcases are in the trunk of the car.

trunk
el baúl

Se guarda ropa vieja en el baúl del desván.

The trunk in the attic contains old clothing.

trunks
el traje de baño

El traje de baño de Roberto es rojo.

Robert's trunks are red.

tuba
la tuba

Tomás se sienta en una silla para tocar la tuba.

Thomas sits on a chair to play his tuba.

tugboat
el remolcador

Los remolcadores están empujando el barco fuera de la bahía.

Tugboats are pushing the ship out of the bay.

tuna
el atún

El atún es un pez muy grande.

The tuna is a very large fish.

turkey
el pavo

El pavo es un ave muy grande.

The turkey is a very large bird.

turtle
la tortuga

Las tortugas nadan en la laguna.

Turtles swim in the pond.

tusk
el colmillo

Un elefante tiene dos colmillos.

An elephant has two tusks.

tuxedo
el esmoquin

Mi tío lleva
un esmoquin
al baile.

My uncle is wearing
a tuxedo to the dance.

type
mecanografiar

María aprende
a mecanografiar.

Mary is learning to type.

typewriter
la máquina de escribir

La secretaria
escribe cartas
en su máquina
de escribir.

The secretary writes
letters on her typewriter.

UuUuUuUu

underwear
la ropa interior

La madre
de Esteban
le compró
ropa interior
nueva.

Steven's mom
bought him new underwear.

unicorn
el unicornio

El unicornio
tenía un solo
cuerno en la cabeza.

The unicorn had a horn on its head.

uniform
el uniforme

Los policías y
las policías
llevan uniformes.

Policemen and
policewomen wear uniforms.

umbrella
el paraguas

Esteban nos
sostenía el
paraguas.

Steven held the umbrella over us.

umpire
el árbitro

El
árbitro
mira con mucha atención.

The umpire watches carefully.

uncle
el tío

El tío de
Elena es el
hermano de su madre.

Helen's uncle is her mother's brother.

under
debajo de

up
(hacia) arriba

Guillermo
miró hacia
arriba al cielo.

William looked up at the sky.

use
usar
Susana está usando el lápiz.

Susan is using
her pencil.

use
el uso
Ella hace buen uso del lápiz.

She is putting the pencil to good use.

Jaimito está debajo de la mesa.
Jimmy is under the table.

VvVvVvVv

vacuum cleaner
la aspiradora

María
limpia la alfombra
con la aspiradora.

Mary cleans the rug
with the vacuum cleaner.

valley
el valle

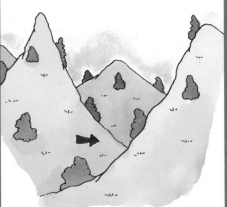

El valle está entre
dos montañas.

The valley is
between two mountains.

van
la camioneta

El equipo
va al partido en una camioneta.

The team rides to the game in a van.

vase
el jarrón

En la mesa
hay un jarrón
de flores.

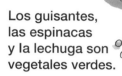

There is a vase
of flowers on the table.

vegetable
el vegetal

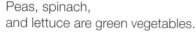

Los guisantes,
las espinacas
y la lechuga son
vegetales verdes.

Peas, spinach,
and lettuce are green vegetables.

vegetable garden
la huerta

La abuela está
sembrando
verduras
en su huerta.

Grandmother
is planting a vegetable garden.

very
muy

Guillermo está muy cansado.

William is very tired.

veterinarian
el veterinario
la veterinaria

El veterinario
atiende a los animales enfermos.

The veterinarian helps sick animals.

village
la aldea

Susana vive
en una aldea
cerca de la ciudad.

Susan lives in a village near the city.

violin
el violín

Elena coloca
el violín por
debajo de la barbilla.

Helen puts the violin under her chin.

volleyball
el voleibol

Jugamos
al voleibol en la playa.

We played volleyball on the beach.

WwWwWwWw

wade
chapotear

Tomás está
chapoteando
en la piscina.

Thomas is wading in the pool.

wagon
el carretón

Elena está tirando del carretón.

Helen is pulling a wagon.

waist
la cintura

Esteban lleva
un cinturón
por la cintura.

Steven has a belt
around his waist.

wait
esperar

María
está esperando el autobús.

Mary is waiting for the bus.

waiter
el camarero

El camarero
me dio un menú.

The waiter gave me a menu.

waiting room
la sala de espera

La sala de espera
está llena.

The waiting room is full.

waitress
la camarera

La camarera
llenó mi
vaso de agua.

The waitress filled
my glass with water.

walk
caminar

Mamá
camina y los niños corren.

Mom walks, and the children run.

wall
la pared

Un cuadro
está colgado en la pared.
A picture hangs on the wall.

---

wallet
la cartera

Papá sacó
dinero
de la cartera.
Dad pulled some
money out of his wallet.

---

walrus
la morsa

La morsa
nada en el agua fría.
A walrus swims in cold water.

---

want
querer

¿Quieres leer esto?
Do you want to read this?

(to be) warm
hacer calor

Hace calor cerca del fuego.
It is warm by the fire.

---

wash
lavar (se)

Susana se
lavó la cara
y se acostó.
Susan washed her
face and went to bed.

---

washing machine
la lavadora

Los pantalones
vaqueros de María
están en la lavadora.
Mary's jeans are in
the washing machine.

---

wasp
la avispa

Las avispas
hicieron un
nido en
la ventana.
Wasps built a nest in the window.

---

wastebasket
la papelera

La abuelita
tiró los trapos
a la papelera.
Grandma threw
the rags in the wastebasket.

---

watch
mirar
Miro el
partido de
fútbol americano
en la televisión.
I watch the football
game on television.

---

watch
el reloj

Roberto le
dio a mamá
un reloj para
su cumpleaños.
Robert gave Mom a
watch for her birthday.

---

water
el agua
Las flores necesitan
agua para crecer.
Flowers need water
to grow.

water
regar
Elena está regando las flores.
Helen is watering the flowers.

---

waterfall
la cascada

Una cascada
baja por
la montaña.
A waterfall comes
down the mountain.

---

watermelon
la sandía

La tía Alicia
cortó la sandía
en rebanadas.
Aunt Alice sliced the watermelon.

---

wave
saludar con la mano

María saludó
a su padre con la mano.
Mary waved to her father.

---

wave
la ola

El viento
sopla sobre
el océano,
levantando olas.
The wind blows the ocean into waves.

---

way
el camino

Éste es el
camino al colegio.
This is the way to school.

---

wear*
vestirse

¡Las personas
se visten con
ropa, pero los
animales no!
People wear clothing,
but animals do not!

weather
el tiempo

El tiempo cambia a menudo.
The weather changes often.

---

wedding
la boda

Elena participó en la boda de su hermana.
Helen was in her sister's wedding.

---

weed
quitar la maleza

¡Tengo que quitar la maleza en el jardín!
I have to weed the garden!

weed
la mala hierba

Hay muchas malas hierbas en mi jardín.
There are many weeds in my garden.

---

week
la semana

Hay siete días en una semana.
There are seven days in a week.

---

welcome
la bienvenida

Le dimos a Guillermo la bienvenida a nuestra casa.
We welcomed William to our house.

---

well
bien

Roberto está bien y de buena salud.
Robert is well and healthy.

---

well
el pozo

Los niños tomaron agua del pozo.
The boys drank water from the well.

---

wet
mojado/a

El pelo de Esteban está mojado.
Steven's hair is wet.

---

whale
la ballena

Las ballenas son animales muy grandes.
Whales are very large animals.

---

what?
¿qué?

¿Qué es esto?
What is this?

---

wheat
el trigo

Se hace la harina del trigo.
Flour is made from wheat.

---

wheel
la rueda

Mi bicicleta tiene dos ruedas.
My bicycle has two wheels.

---

wheelchair
la silla de ruedas

La tía Alicia usa una silla de ruedas.
Aunt Alice uses a wheelchair.

---

when?
¿cuándo?

¿Cuándo sonará el despertador?
When will the alarm clock ring?

---

where?
¿dónde?

¿Dónde están los zapatos de Susana?
Where are Susan's shoes?

---

whistle
el silbato

¡El árbitro tocó el silbato!
The referee blew his whistle!

---

white
blanco/a

Los copos de nieve son blancos.
Snowflakes are white.

wide
ancho/a

El río es muy ancho.
The river is very wide.

wig
la peluca

El payaso
lleva una
peluca
anaranjada
y chistosa.
The clown wears
a silly orange wig.

win*
ganar

Elena ganó un premio.
Helen won a prize.

wind
el viento

El viento
se llevó mi sombrero.
The wind blew my hat off.

window
la ventana

Las ventanas
están abiertas
en el verano.
The windows are
open in the summer.

wing
el ala

Los
pájaros
utilizan
las alas
para volar.
Birds use their wings to fly.

---

winter
el invierno

La nieve cubre
el patio durante el invierno.
Snow covers the yard in winter.

wipe
secar

Susana
está secando
los lentes.
Susan is wiping her glasses.

with
con

María dio
un golpe al clavo
con el martillo.
Mary hit the nail with a hammer.

wolf*
el lobo

Un lobo
salió corriendo del bosque.
A wolf ran out of the forest.

woman*
la mujer

Mi tía
es una
mujer baja.
My aunt is a
short woman.

wood
la leña

Roberto cortó
más leña para
el fuego.
Robert cut more
wood for the fireplace.

---

woodpecker
el pájaro carpintero

El pájaro
carpintero
hace agujeros
en los árboles.
A woodpecker
makes holes in trees.

word
la palabra

María leyó las
palabras en la pizarra.
Mary read the words
on the chalkboard.

work
trabajar

Todos nosotros
trabajamos en la escuela.
We all work at school.

workshop
el taller

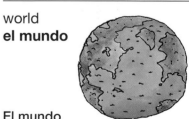

Papá
hace
reparaciones en su taller.
Dad fixes things in his workshop.

world
el mundo

El mundo
es redondo como una pelota.
The world is round like a ball.

worm
el gusano

El pájaro
encontró un gusano en la hierba.
The bird found a worm in the grass.

wreath
la corona

Hay una corona en nuestra puerta.

There is a wreath on our door.

wrench
la llave inglesa

Papá arregló el grifo con una llave inglesa.

Dad fixed the faucet with a wrench.

wrestling
la lucha libre

Roberto es miembro del equipo de lucha libre.

Robert is on the wrestling team.

wrinkled
arrugado/a

Los pantalones de Esteban están arrugados.

Steven's pants are wrinkled.

wrist
la muñeca

Susana tiene una venda en la muñeca.

Susan has a bandage on her wrist.

write*
escribir

Algunos aviones escriben en el cielo con el humo de escape.

Some airplanes write in the sky.

XxXxXxXx

xylophone
el xilófono

Elena toca el xilófono.

Helen plays the xylophone.

ZzZzZzZz

zebra
la cebra

La cebra tiene rayas blancas y negras.

A zebra has black and white stripes.

zipper
el cierre

La chaqueta de Esteban tiene un cierre largo.

Steven's jacket has a long zipper.

zoo
el zoológico

El zoológico es mi lugar preferido.

The zoo is my favorite place.

YyYyYyYy

yarn
la lana

A la gatita le encanta jugar con la lana.

The kitten loves to play with yarn.

yellow
amarillo/a

El autobús escolar es amarillo.

The school bus is yellow.

yolk
la yema

La yema es la parte amarilla del huevo.

A yolk is the yellow part of an egg.

yard
el patio

Una cerca rodea el patio.

The yard has a fence around it.

Appendices

Numbers
Los números

Days of the Week
Días de la semana

Months of the Year
Meses del año

Shapes
Las formas

Directions
Las direcciones

Time
La hora

Irregular English Verbs,
Nouns, and Adjectives

Numbers
Los números

0 zero **cero**	**½** one-half **la mitad**	**1** one **uno**	**2** two **dos**

0 zero **cero**   **½** one-half **la mitad**   **1** one **uno**   **2** two **dos**   **3** three **tres**   **4** four **cuatro**   **5** five **cinco**   **6** six **seis**   **7** seven **siete**   **8** eight **ocho**

9 nine **nueve**   **10** ten **diez**   **11** eleven **once**   **12** twelve **doce**   **13** thirteen **trece**   **14** fourteen **catorce**   **15** fifteen **quince**   **16** sixteen **dieciséis**

17 seventeen **diecisiete**   **18** eighteen **dieciocho**   **19** nineteen **diecinueve**   **20** twenty **veinte**   **21** twenty-one **veintiuno**   **22** twenty-two **veintidós**   **23** twenty-three **veintitrés**

24 twenty-four **veinticuatro**   **25** twenty-five **veinticinco**   **26** twenty-six **veintiséis**   **27** twenty-seven **veintisiete**   **28** twenty-eight **veintiocho**   **29** twenty-nine **veintinueve**

30 thirty **treinta**   **31** thirty-one **treinta y uno**   **32** thirty-two **treinta y dos**   **33** thirty-three **treinta y tres**   **34** thirty-four **treinta y cuatro**

35 thirty-five **treinta y cinco**   **36** thirty-six **treinta y seis**   **37** thirty-seven **treinta y siete**   **38** thirty-eight **treinta y ocho**   **39** thirty-nine **treinta y nueve**

40 forty **cuarenta**   **41** forty-one **cuarenta y uno**   **42** forty-two **cuarenta y dos**   **43** forty-three **cuarenta y tres**   **44** forty-four **cuarenta y cuatro**

45 forty-five **cuarenta y cinco**   **46** forty-six **cuarenta y seis**   **47** forty-seven **cuarenta y siete**   **48** forty-eight **cuarenta y ocho**   **49** forty-nine **cuarenta y nueve**

50 fifty **cincuenta**   **51** fifty-one **cincuenta y uno**   **52** fifty-two **cincuenta y dos**   **53** fifty-three **cincuenta y tres**   **54** fifty-four **cincuenta y cuatro**

55 fifty-five **cincuenta y cinco**   **56** fifty-six **cincuenta y seis**   **57** fifty-seven **cincuenta y siete**   **58** fifty-eight **cincuenta y ocho**   **59** fifty-nine **cincuenta y nueve**

60 sixty **sesenta**	**61** sixty-one **sesenta y uno**	**62** sixty-two **sesenta y dos**	**63** sixty-three **sesenta y tres**	**64** sixty-four **sesenta y cuatro**
65 sixty-five **sesenta y cinco**	**66** sixty-six **sesenta y seis**	**67** sixty-seven **sesenta y siete**	**68** sixty-eight **sesenta y ocho**	**69** sixty-nine **sesenta y nueve**
70 seventy **setenta**	**71** seventy-one **setenta y uno**	**72** seventy-two **setenta y dos**	**73** seventy-three **setenta y tres**	**74** seventy-four **setenta y cuatro**
75 seventy-five **setenta y cinco**	**76** seventy-six **setenta y seis**	**77** seventy-seven **setenta y siete**	**78** seventy-eight **setenta y ocho**	**79** seventy-nine **setenta y nueve**
80 eighty **ochenta**	**81** eighty-one **ochenta y uno**	**82** eighty-two **ochenta y dos**	**83** eighty-three **ochenta y tres**	**84** eighty-four **ochenta y cuatro**
85 eighty-five **ochenta y cinco**	**86** eighty-six **ochenta y seis**	**87** eighty-seven **ochenta y siete**	**88** eighty-eight **ochenta y ocho**	**89** eighty-nine **ochenta y nueve**
90 ninety **noventa**	**91** ninety-one **noventa y uno**	**92** ninety-two **noventa y dos**	**93** ninety-three **noventa y tres**	**94** ninety-four **noventa y cuatro**
95 ninety-five **noventa y cinco**	**96** ninety-six **noventa y seis**	**97** ninety-seven **noventa y siete**	**98** ninety-eight **noventa y ocho**	**99** ninety-nine **noventa y nueve**

100 one hundred **cien**	**200** two hundred **doscientos**	**300** three hundred **trescientos**	**400** four hundred **cuatrocientos**	**500** five hundred **quinientos**	**1,000** one thousand **mil**

10,000 ten thousand **diez mil**	**100,000** one hundred thousand **cien mil**	**1,000,000** one million **un millón**

Days of the Week
Días de la semana

Monday
lunes

Tuesday
martes

Wednesday
miércoles

Thursday
jueves

Friday
viernes

Saturday
sábado

Sunday
domingo

Months of the Year
Meses del año

January
enero

February
febrero

March
marzo

April
abril

May
mayo

June
junio

July
julio

August
agosto

September
septiembre

October
octubre

November
noviembre

December
diciembre

Shapes
Las formas

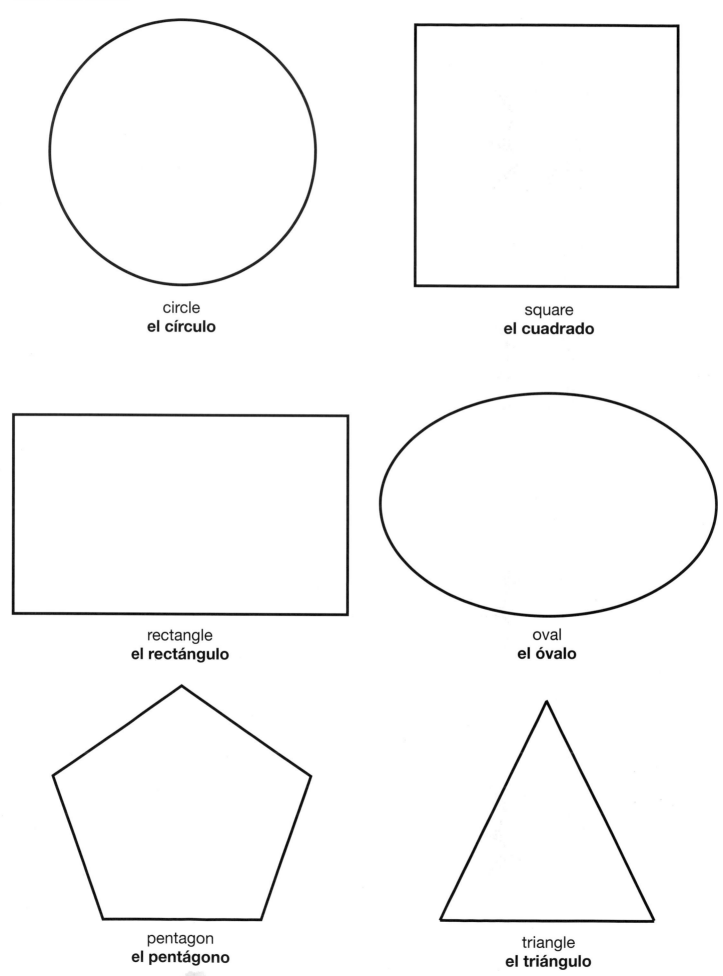

circle
el círculo

square
el cuadrado

rectangle
el rectángulo

oval
el óvalo

pentagon
el pentágono

triangle
el triángulo

Directions
Las direcciones

North
norte

Northwest
noroeste

South
sur

Southwest
sudoeste

East
este

Northeast
nordeste

West
oeste

Southeast
sudeste

Time
La hora

It is a quarter of two.
Son las dos menos cuatro.

It is half past six.
Son las seis y media.

It is midnight.
Es la medianoche.

It is 1:00 P.M.
Es la una de la tarde.

It is noon.
Es el mediodía.

It is six o'clock.
Son las seis.

It is 1:00 A.M.
Es la una de la mañana.

Irregular English Verbs

become, became, become
bite, bit, bitten
blow, blew, blown
break, broke, broken
build, built, built
burn, burned or burnt, burned
buy, bought, bought
catch, caught, caught
come, came, come
cut, cut, cut
dig, dug, dug
dive, dived or dove, dived
do, did, done
draw, drew, drawn
dream, dreamt or dreamed, dreamt or
    dreamed
drink, drank, drunk
drive, drove, driven
eat, ate, eaten
fall, fell, fallen
find, found, found
fly, flew, flown
forget, forgot, forgotten
freeze, froze, frozen
give, gave, given
go, went, gone
grow, grew, grown
hang, hung, hung
have, had, had
hit, hit, hit
hold, held, held
hurt, hurt, hurt

is, was, been (be)
keep, kept, kept
knit, knit or knitted, knit or knitted
leap, leapt or leaped, leapt or leaped
light, lighted or lit, lighted or lit
make, made, made
put, put, put
read, read, read
ride, rode, ridden
ring, rang, rung
run, ran, run
see, saw, seen
sell, sold, sold
sew, sewed, sewn
show, showed, shown
sing, sang, sung
sit, sat, sat
sleep, slept, slept
slide, slid, slid
speak, spoke, spoken
spin, spun, spun
spread, spread, spread
stand, stood, stood
sweep, swept, swept
swim, swam, swum
take, took, taken
teach, taught, taught
tell, told, told
think, thought, thought
throw, threw, thrown
wear, wore, worn
win, won, won
write, wrote, written

Irregular English Nouns

calf, calves
child, children
deer, deer
die, dice
doorman, doormen
fish, fish or fishes
fisherman, fishermen
foot, feet
goose, geese
half, halves
handkerchief, handkerchiefs
    or handkerchieves
hoof, hooves
knife, knives
leaf, leaves
man, men
mouse, mice
policeman, policemen
policewoman, policewomen
scarf, scarves
sheep, sheep
shelf, shelves
snowman, snowmen
starfish, starfish
tooth, teeth
wolf, wolves
woman, women

Irregular English Adjectives

good, better, best
less, least
more, most

Index

bolígrafo, el pen 51
bolsa, la bag 6
bolsa, la sack 59
bolsillo, el pocket 54
bolso, el purse 55
bomba de incendios, la fire engine 29
bombera, la fire fighter 29
bombero, el fire fighter 29
bombilla, la lightbulb 42
bonito/a pretty 55
bordillo de la acera, el curb 21
borrar erase 27
bosque, el forest 30
bota, la boot 11
bote, el boat 11
bote de remos, el rowboat 58
botella, la bottle 11
botón, el button 13
brazo, el arm 5
brocha, la paintbrush 50
bróculi, el broccoli 12
brújula, la compass 19
bueno/a good* 33
búfalo, el buffalo 13
bufanda, la scarf* 60
buque náufrago, el shipwreck 62
burbuja, la bubble 13
burro, el donkey 24
buscar hunt 37
buzón, el mailbox 44

C

caballete de pintor, el easel 26
caballo, el horse 37
cabeza, la head 35
cabina telefónica, la phone booth 52
cabra, la goat 33
cabrito, el kid 40
cacahuate, el peanut 51
cachorro, el puppy 55
cachorro de oso, el bear cub 8
cada each 25
cada every 27
caerse fall* 27
caerse de (fall) off 48
caérsele drop 25
café, el coffee 18
caimán, el alligator 4
caja, la box 12
caja de herramientas, la toolbox 72
caja fuerte, la safe 59
cajera, la cashier 15
cajera, la teller 70
cajero, el cashier 15
cajero, el teller 70
cajón, el drawer 24
cajón de arena, el sandbox 60
cajón de embalaje, el crate 20
calabaza, la pumpkin 55

calcetines, los socks 65
calculadora, la calculator 14
calendario, el calendar 14
calentador, el furnace 31
callado/a quiet 56
calle, la street 68
calor, el heat 35
calor, el hot 37
cama, la bed 9
camarera, la waitress 76
camarero, el waiter 76
cambiar change 16
cambio, el change 16
camello, el camel 14
caminar walk 76
camino, el road 58
camino, el way 77
camino particular, el driveway 25
camión, el truck 74
camioneta, la van 76
camisa, la shirt 62
camisa de entrenamiento, la sweatshirt 69
campamento, el camp 14
campanilla, la bell 9
campo, el field 28
canal, el canal 14
canasta, la basket 8
canguro, el kangaroo 39
canoa, la canoe 14
cantante, el singer 63
cantante, la singer 63
cantar sing* 63
capucha, la hood 37
cara, la face 27
caracol, el snail 64
carámbano, el icicle 38
cardenal, el cardinal 15
cargar carry 15
carne, la meat 44
carpa mayor, la big top 10
carpintero, el carpenter 15
carrera, la race 56
carreta, la cart 15
carretón, el wagon 76
carta, la letter 42
cartera, la wallet 77
cartero, el letter carrier 42
casa, la house 37
cascada, la waterfall 77
casco, el hoof 37
casita de muñecas, la dollhouse 24
castillo, el castle 15
castor, el beaver 9
cavar dig* 23
cebolla, la onion 49
cebra, la zebra 80
ceja, la eyebrow 27
cena, la dinner 23
cepillar (se) brush 12
cepillo, el brush 12

cepillo de dientes, el toothbrush 72
cerca, la fence 28
cerca de close 18
cerca de near 47
cerdo, el pig 52
cereal, el cereal 16
cereza, la cherry 16
cerradura, la lock 43
cerrar close 18
cerrar con llave lock 43
césped, el grass 34
césped, el lawn 41
chapotear wade 76
chaqueta, la jacket 38
charco, el puddle 55
cheque, el check 16
chimenea, la chimney 17
chimenea, la fireplace 29
chocolate, el chocolate 17
chorizo, el sausage 60
chupete, el lollipop 43
cielo, el sky 63
científica, la scientist 60
científico, el scientist 60
cierre, el zipper 80
cinta, la ribbon 57
cintura, la waist 76
cinturón, el belt 9
cinturón de seguridad, el seat belt 61
circo, el circus 17
círculo, el circle 17
cisne, el swan 69
ciudad, la city 17
clarinete, el clarinet 17
clase, la class 17
clavar nail 47
clavo, el nail 47
cobija, la blanket 10
coche, el car 15
coche patrullero, el police car 54
cochecito, el stroller 68
cocina, la kitchen 40
cocinar cook 19
cocinera, la cook 19
cocinero, el cook 19
cocodrilo, el crocodile 20
codo, el elbow 26
cola, la glue 33
cola, la line 43
cola, la tail 70
cola de caballo, la ponytail 54
colgar hang* 35
colina, la hill 36
collar, el collar 18
collar, el necklace 47
colmillo, el tusk 74
color, el color 18
color café, el brown 12
columpiarse swing 69
columpio, el swing 69
comedor, el dining room 23

comer eat* 26
cometa, el comet 19
cometa, la kite 40
cómico/a silly 63
comida, la food 30
comida, la meal 44
¿cómo? how 37
como like 42
cómodo/a comfortable 19
competir en una carrera race 56
completamente completely 19
comprar buy* 13
computadora, la computer 19
con with 79
concha marina, la seashell 61
conducir steer 67
conejo, el rabbit 56
congelador, el freezer 31
congelar (se) freeze* 31
construir build* 13
contener contain 19
contento/a happy 35
conversación, la conversation 19
copo de nieve, el snowflake 65
corazón, el heart 35
corbata, la necktie 47
corbata, la tie 72
cordel, el string 68
cordero, el lamb 41
cordón, el shoelace 62
corona, la crown 21
corona, la wreath 80
correcto/a right 57
corredor, el runner 59
corredora, la runner 59
correo, el mail 44
correo, el post office 54
correr run* 59
corriente plain 53
cortadora de césped, la lawn
    mower 41
cortar con serrucho saw 60
corteza, la crust 21
cortina, la curtain 21
cosa, la thing 71
cosecha, la crop 20
coser sew* 61
costado, el side 62
coyote, el coyote 20
crayón, el crayon 20
crecer grow* 34
crema, la cream 20
crin, la mane 44
cruce para peatones, el crosswalk
    20
cuaderno, el notebook 48
cuadra, la block 7
cuadrado, el square 66
cuadro, el picture 52
¿cuándo? when 78
cuarto, el room 58
cuarto de baño, el bathroom 8
cubeta, la bucket 13

cubeta, la pail 50
cubiérta, la deck 22
cubo, el block 10
cubo, el cube 21
cubrir cover 20
cucharita, la spoon 66
cuchillo, el knife* 40
cuello, el neck 47
cuerda floja, la tightrope 72
cuerno, el horn 37
cuero, el leather 41
cuerpo, el body 11
cueva, la cave 15
cuidadoso/sa careful 15
culebra, la snake 64
cumpleaños, el birthday 10
curva, la curve 21

D

dados, los dice* 23
dar give* 32
dar una patada kick 40
dar una vuelta roll 58
dar vueltas spin* 66
de from 31
de más abajo bottom 11
debajo de beneath 9
debajo de under 75
deberes escolares, los homework
    36
débil dim 23
decir tell* 70
dedo, el finger 28
dedo (del pie), el toe 72
delantal, el apron 5
delante de in front of 38
delfin, el dolphin 24
delgado/a thin 71
demasiado/a (too) much 46
dentista, el dentist 22
dentista, la dentist 22
deportes, los sports 66
derecho/a right 57
derramar spill 66
derretir (se) melt 45
desayuno, el breakfast 12
desfile, el parade 50
desierto, el desert 22
despertador, el alarm clock 4
después de after 4
destornillador, el screwdriver 60
desván, el attic 6
detrás behind 9
día, el day 22
dibujar draw* 24
diccionario, el dictionary 23
diente, el tooth* 72
diente de león, el dandelion 22
dientes, los teeth* 70
difícil difficult 23
difícil hard 35
dinero, el money 45

dinosaurio, el dinosaur 23
dirección, la address 4
disfraz, el costume 19
divertido/a fun 31
dividir divide 23
docena, la dozen 24
dólar, el dollar 24
dolor, el pain 50
¿dónde? where 78
dormir sleep* 64
dormitorio, el bedroom 9
dragón, el dragon 24
ducha, la shower 62
dulces, los candy 14
durazno, el peach 51
duro/a hard 35

E

echarse una siesta nap 47
ecuador, el equator 27
edificio, el building 13
electricidad, la electricity 26
elefante, el elephant 26
embotellamiento de trafico, el
    traffic jam 73
embudo, el funnel 31
empolvar powder 55
empujar push 56
en at 6
en into 38
en on 49
encaje, el lace 40
encender light* 42
enfermera, la nurse 48
enfermero, el nurse 48
enfermo/a sick 62
enojado/a angry 5
ensalada, la salad 59
enseñar teach* 70
entrada, la entrance 26
entre between 9
equipaje, el baggage 6
equipo, el team 70
escabel, el footstool 30
escalera, la ladder 40
escaleras, las stairs 67
escalón, el step 67
escama, la scale 60
escarcha, la frost 31
escenario, el stage 66
escoba, la broom 12
escribir write* 80
escritorio, el desk 22
escuchar listen 43
escuela, la school 60
esmoquin, el tuxedo 75
espacio, el space 65
espalda, la back 6
espantapájaros, el scarecrow 60
espantoso/a terrible 71
esparcir spread* 66
espejo, el mirror 45

esperar wait 76
espinacas, las spinach 66
esponja, la sponge 66
espuma de jábon, la suds 68
esquí, el ski 63
esquiar ski 63
esquina, la corner 19
establo, el barn 7
establo, el stable 66
estación del tren, la train station 73
estandarte, el banner 7
estante, el shelf* 62
estantería para libros, la bookcase 11
estatua, la statue 67
estéreo, el stereo 67
estetoscopio, el stethoscope 67
estornudar sneeze 64
estrecho/a narrow 47
estrella, la star 67
estrella de mar, la starfish* 67
estribos, los stirrups 68
estrujar squeeze 66
estudiante, el student 68
estudiante, la student 68
estufa, la stove 68
etiqueta, la label 40
examen, el exam 27
explosión, la bang 7
exterior, el outside 49
extremo, el end 26

F

fábrica, la factory 27
fácil easy 26
falda, la skirt 63
familia, la family 27
fantasma, el ghost 32
farmacéutica, la pharmacist 52
farmacéutico, el pharmacist 52
farmacia, la drugstore 25
farmacia, la pharmacy 52
favorito/a favorite 28
fecha, la date 22
fideos, los noodles 48
fiebre, la fever 28
fiesta, la party 51
finca, la farm 28
fuerte strong 68
firma, la signature 63
flamenco, el flamingo 29
flauta, la flute 30
flecha, la arrow 5
flequillos, los bangs 7
flor, la blossom 10
flor, la flower 30
florista, el florist 29
florista, la florist 29
flotar float 29
foca, la seal 61
fontanera, la plumber 54

fontanero, el plumber 54
fósforo, el match 44
fotografía, la photograph 52
frambuesas, las raspberries 56
frazada, la covers 20
fregadero, el sink 63
frente, la forehead 30
fresa, la strawberry 68
fresco/a cool 19
frío, el cold 18
frotar (se) rub 59
fruta, la fruit 31
fuego, el fire 29
fuente, la fountain 31
fuerte loud 43
fuerte strong 68
fútbol americano, el football 30

G

gafas acuáticas, las goggles 33
galleta, la cookie 19
galleta salada, la cracker 20
gallina, la hen 36
gallo, el rooster 58
ganar win* 79
gansarón, el gosling 33
ganso, el goose* 33
garaje, el garage 32
garra, la claw 17
gas, el gas 32
gasolina, la gasoline 32
gatito, el kitten 40
gato, el cat 15
globo, el balloon 7
globo terráqueo, el globe 33
goma de borrar, la eraser 27
gordo/a fat 28
gorila, el gorilla 33
gorrión, el sparrow 65
gorro, el cap 14
gotear drip 25
gracias thank you 71
grande big 10
grande large 41
granjero, el farmer 28
grapadora, la stapler 67
grapas, las staples 67
grifo, el faucet 28
gripe, la flu 30
gris gray 34
grúa, la crane 20
grulla, la crane 20
grupo, el group 34
guante, el glove 33
guapo/a handsome 35
guardar keep* 39
guisante, el pea 51
guitarra, la guitar 34
gusano, el worm 79
gustar like 42

H

hablar speak* 65
hablar talk 70
hacer do* 23
hacer make* 44
hacer calor (to be) warm 77
hacer juego match 44
hacer juegos malabares juggle 39
hacha, el ax 6
(hacia) arriba up 75
hada, el fairy 27
hallar find* 28
hamaca, la hammock 35
hambre, el hungry 37
hamburguesa, la hamburger 34
harina, la flour 29
hebilla, la buckle 13
helado, el ice cream 38
helecho, el fern 28
helicóptero, el helicopter 36
heno, el hay 35
hermana, la sister 63
hermano, el brother 12
hielo, el ice 38
hija, la daughter 22
hijo, el son 65
hilo, el thread 71
hipopótamo, el hippopotamus 36
hockey, el hockey 36
hogar, el home 36
hoja, la leaf* 41
hojuelas de papas fritas, las potato chips 55
hombre, el man* 44
hombro, el shoulder 62
hongo, el mushroom 46
hora, la hour 37
hormiga, la ant 5
hornear bake 7
horno, el oven 49
hospital, el hospital 37
hotel, el hotel 37
hoyo, el hole 36
huella del pie, la footprint 30
huerta, la vegetable garden 76
hueso, el bone 11
huevo, el egg 26
huir (run) away 6
humo, el smoke 64

I

iglesia, la church 17
imán, el magnet 44
impermeable, el raincoat 56
inodoro, el toilet 72
insecto, el insect 38
invernadero, el greenhouse 34
invierno, el winter 79
invitada, la guest 34

invitado, el guest 34
ir go* 33
ir de compras shop 62
isla, la island 38
izquierdo/a left 41

J

jabón, el soap 65
jalea, la jelly 38
jamón, el ham 34
jardín, el garden 32
jardinera, la gardener 32
jardinero, el gardener 32
jarra, la pitcher 53
jarrón, el vase 76
jaula, la cage 14
Jeep, el Jeep 38
jirafa, la giraffe 32
joroba, la hump 37
joya, la jewel 39
joyera, la jeweler 39
joyero, el jeweler 39
juego, el game 32
juego de damas, el checkers 16
jugar play 53
jugar a lo imaginario make-believe 44
jugo, el juice 39
juguete, el toy 73
juguetería, la toy store 73
juntos/as together 72

L

labio, el lip 43
lacio/a straight 68
ladrillo, el brick 12
lagartija, la lizard 43
lago, el lake 40
laguna, la pond 54
lámpara, la lamp 41
lana, la yarn 80
langosta, la lobster 43
lanzador, el pitcher 53
lanzadora, la pitcher 53
lápiz, el pencil 51
largo/a long 43
lastimar (se) hurt* 37
lata, la can 14
lavadora, la washing machine 77
lavar (se) wash 77
lazo, el bow 11
lección, la lesson 42
leche, la milk 45
lechuga, la lettuce 42
lechuza, la owl 49
leer read* 57
lejos far (away) 27
leña, la wood 79
lengua, la tongue 72
leño, el log 43

lentes, los glasses 33
lento/a slow 64
león, el lion 43
leopardo, el leopard 42
letrero, el sign 63
levantar lift 42
libro, el book 11
lima, la lime 42
limón, el lemon 42
limonada, la lemonade 42
limpiar clean 17
limpio/a clean 17
lindo/a cute 21
lintera, la flashlight 29
lista, la list 43
llama, la flame 29
llamada, la call 14
llamar call 14
llanta, la tire 72
llanura, la plain 53
llave, la key 39
llave inglesa, la wrench 80
llegar a ser become* 9
llenar fill 28
lleno/a full 31
llorar cry 21
lluvia, la rain 56
lobo, el wolf* 79
lodo, el mud 46
loro, el parrot 51
lucha libre, la wrestling 80
lugar, el place 53
luna, la moon 46
luz del proyector, la spotlight 66

M

madre, la mother 46
maestra, la teacher 70
maestro, el teacher 70
mago, el magician 44
maíz, el corn 19
mala hierba, la weed 78
maleta, la suitcase 69
maletera, la trunk 74
malo/a bad 6
mamá mom 45
mañana, la morning 46
mancha, la spot 66
manejar drive* 25
manga, la sleeve 64
manguera, la hose 37
manguera del jardín, la garden hose 32
mano, la hand 35
mantel, el tablecloth 70
mantequilla, la butter 13
manzana, la apple 5
mapa, el map 44
máquina de coser, la sewing machine 61
máquina de escribir, la typewriter 75

mar, el sea 61
margarita, la daisy 22
marinero, el sailor 59
mariposa, la butterfly 13
martillar hammer 34
martillo, el hammer 34
más more* 46
masa, la dough 24
máscara, la mask 44
mecánico, el mechanic 45
mecanografiar type 75
mecer (se) rock 58
medalla, la medal 45
mediano/a medium 45
médica, la doctor 23
medicina, la medicine 45
médico, el doctor 23
mediodía, el noon 48
mejilla, la cheek 16
mejor better* 9
mejor, el best* 9
mejor, la best* 9
melón, el melon 45
menos less* 42
menú, el menu 45
merienda, la snack 64
mermelada, la jam 38
mes, el month 46
mesa, la table 70
mezclar mix 45
micrófono, el microphone 45
microscopio, el microscope 45
miel, la honey 36
mirar look 43
mirar watch 77
mitad, la half* 34
mitones, los mittens 45
mochila, la backpack 6
mojado/a wet 78
moneda, la coin 18
mono, el monkey 45
monopatín, el skateboard 63
montaña, la mountain 46
montar ride* 57
montón, el pile 53
morado/a purple 55
morder (se) bite* 10
morsa, la walrus 77
mosca, la fly 30
mostaza, la mustard 46
mostrar show* 62
motor, el engine 26
muchos/as many 44
muebles, los furniture 31
muelle, el dock 23
mujer, la woman* 79
mujer policía, la policewoman* 54
muleta, la crutch 21
multitud, la crowd 20
mundo, el world 79
muñeca, la doll 24
muñeca, la wrist 80
muñeco de nieve, el snowman* 65

murciélago, el bat 8
museo, el museum 46
música, la music 46
muy very 76

N

nadar swim* 69
naipes, los cards 15
naranja, la orange 49
nariz, la nose 48
navegar sail 59
necesitar need 47
negro/a black 10
nevada, la snowstorm 65
nido, el nest 47
niebla, la fog 30
nieve, la snow 64
niña, la child 16
niña, la girl 32
niño, el boy 12
niño, el child* 16
niños, los children* 16
noche, la night 48
nombre, el name 47
nota, la note 48
nube, la cloud 18
nudo, el knot 40
nuevo/a new 47
nuez, la nut 48
número, el number 48
nunca never 47

O

océano, el ocean 48
ocupado/a busy 13
oficina, la office 48
ojo, el eye 27
ola, la wave 77
oler smell 64
olla, la kettle 39
olla, la pot 55
olor, el smell 64
olvidar forget* 30
oreja, la ear 26
orejeras, las earmuffs 26
oro, el gold 33
orquesta, la orchestra 49
oruga, la caterpillar 15
oscuro/a dark 22
oso, el bear 8
oso polar, el polar bear 54
otoño, el autumn 6
otoño, el fall 27
otro/a other 49
oveja, la sheep* 61

P

paciente, el patient 51
paciente, la patient 51
padre, el father 28

padres, los parents 50
página, la page 50
pájaro, el bird 10
pájaro carpintero, el woodpecker 79
pajita, la straw 68
pala, la shovel 62
palabra, la word 79
palacio, el palace 50
palito, el stick 67
palomitas de maíz popcorn 54
pan, el bread 12
panadera, la baker 7
panadería, la bakery 7
panadero baker 7
panda, el panda 50
panecillo, el bun 13
pantalones, los pants 50
pantalones, los trousers 74
pantalones cortos, los shorts 62
pantalones de entrenamiento, los sweatpants 69
pantalones vaqueros, los jeans 38
pañuelo, el handkerchief* 35
papá, el dad 22
papa, la potato 55
papas fritas, las french fries 31
papel, el paper 50
papelera, la wastebasket 77
paquete, el package 50
para for 30
paracaídas, el parachute 50
paraguas, el umbrella 75
parar stop 68
pararse stand* 67
parecido/a alike 4
pared, la wall 77
pariente, el relative 57
pariente, la relative 57
parque, el park 50
parrilla, la barbecue 7
parte, la part 51
partir cut* 21
pasador, el barrette 7
pasajera, la passenger 51
pasajero, el passenger 51
pasta dentífrica, la toothpaste 73
pastel, el pie 52
pata, la leg 42
pata, la paw 51
patalear stamp 67
patín, el skate 63
patinar skate 63
patines de hielo, los ice skates 38
patines de ruedas, los roller skates 58
patio, el yard 80
patio de recreo, el playground 54
patito, el duckling 25
pato, el duck 25
pavo, el turkey 74
payaso, el clown 18
pecas, las freckles 31

pecho, el chest 16
pedazo, el piece 52
pedrejón, el boulder 11
pegamento, el paste 51
pegar hit* 36
pegar paste 51
pegar con cola glue 33
peine, el comb 18
pelaje, el fur 31
película, la movie 46
pelo, el hair 34
pelota, la ball 7
pelota de béisbol, la baseball 8
peluca, la wig 79
pensar think* 71
pepino, el cucumber 21
pequeñito/a little 43
pequeño/a small 64
pera, la pear 51
percha, la hanger 35
perezoso/a lazy 41
periódico, el newspaper 48
periodista, el reporter 57
periodista, la reporter 57
perro, el dog 23
persona, la person 52
personas, las people 52
pesado/a heavy 36
pescado, el fish* 29
pescador, el fisherman* 29
pescar fish 29
pétalo, el petal 52
petirrojo, el robin 58
piano, el piano 52
plano/a flat 29
picnic, el picnic 52
pico, el beak 8
pico, el bill 10
pie, el foot* 30
piedra, la rock 58
piedra, la stone 68
piedrecita, la pebble 51
pies, los feet* 28
pijamas, los pajamas 50
píldora, la pill 53
piloto, el pilot 53
piloto, la pilot 53
pimienta, la pepper 52
piña, la pineapple 53
pingüino, el penguin 52
pintar paint 50
pintura, la paint 50
piscina, la pool 54
piso, el floor 29
pizarra, la blackboard 10
pizarra, la chalkboard 16
plancha, la iron 36
planeta, el planet 53
planta, la plant 53
plata, la silver· 63
plátano, el banana 7
platillo, el cymbal 21
platillo, el saucer 60

plato, el dish 23
plato, el plate 53
playa, la beach 8
pluma, la feather 28
policía, el policeman* 54
policía, la police 54
polilla, la moth 46
pollito, el chick 16
pollo, el chicken 16
polvo, el dust 25
poner (se) put* 56
por through 71
por favor please 54
portero, el doorman* 24
portilla, la porthole 54
postre, el dessert 23
potro, el colt 18
pozo, el well 78
practicar practice 55
prado, el pasture 51
precio, el price 55
premio, el prize 55
prima, la cousin 20
primavera, la spring 66
primero/a first 29
primo, el cousin 20
princesa, la princess 55
príncipe, el prince 55
prismáticos, los binoculars 10
profundo/a deep 22
pronto soon 65
protegido/a safe 59
pueblo, el town 73
puente, el bridge 12
puerta, la door 24
puerta, la gate 32
pulgar, el thumb 71
pulpo, el octopus 48
pulsera, la bracelet 12
punta, la point 54
punta de flecha, la arrowhead 5
puntapié, el kick 40

Q

¿qué? what 78
que than 71
querer love 43
querer want 77
queso, el cheese 16
quitar la maleza weed 78

R

radio, la radio 56
rama, la branch 12
ramo, el bouquet 11
rana, la frog 31
rancho, el ranch 56
rápido fast 28
raqueta de tenis, la tennis racket 71
rascacielos, el skyscraper 64

rastrillo, el rake 56
rata, la rat 57
ratón, el mouse* 46
raya, la stripe 68
rayo, el spoke 66
rebaño, el herd 36
recibir receive 57
recogedor, el dustpan 25
red, la net 47
redondo/a round 58
refresco, el soft drink 65
refrigerador, el refrigerator 57
regadera, la sprinkler 66
regaliz, el licorice 42
regalo, el gift 32
regalo, el present 55
regar water 77
regazo, el lap 41
regla, la ruler 59
reina, la queen 56
reír (se) laugh 41
relámpago, el lightning 42
reloj, el watch 77
reloj, el clock 18
remo, el oar 48
remolcador, el tugboat 74
renacuajo, el tadpole 70
repollo, el cabbage 14
reptil, el reptile 57
resbalarse slide* 64
respirar breathe 12
restaurante, el restaurant 57
reverencia, la bow 11
revista, la magazine 44
revolver stir 67
rey, el king 40
ribera, la shore 62
riendas, las reins 57
rinoceronte, el rhinoceros 57
río, el river 58
risa, la laugh 41
rizado/a curly 21
rodear surround 69
rodilla, la knee 40
rojo/a red 57
rompecabezas, el jigsaw puzzle 39
rompecabezas, el puzzle 56
romper break* 12
ropa, la clothes 18
ropa, la clothing 18
ropa interior, la underwear 75
ropa sucia, la laundry 41
rosa, la rose 58
rosado/a pink 53
rueda, la wheel 78
rugir roar 58
ruido, el noise 48

S

sábana, la sheet 61
sabor, el flavor 29
sabroso/a delicious 22

sacapuntas, el pencil sharpener 51
sal, la salt 59
sala, la living room 43
sala de espera, la waiting room 76
salir (go) out 49
salir leave* 41
salir show* 62
salón de clase, el classroom 17
salsa, la gravy 34
salsa de tomate, la ketchup 39
saltamontes, el grasshopper 34
saltar jump 39
saltar leap* 41
saludable healthy 35
saludar con la mano wave 77
San Nicolás Santa Claus 60
sandalias, las sandals 60
sandía, la watermelon 77
sándwich, el sandwich 60
sapo, el toad 72
sartén, la pan 50
saxófon, el saxophone 60
secar wipe 79
seco/a dry 25
secretaria, la secretary 61
secretario, el secretary 61
seguir follow 30
sello, el stamp 67
selva, la jungle 39
semáforo, el traffic light 73
semana, la week 78
sembrar plant 53
semilla, la seed 61
señal de alto, la stop sign 68
señalar (con el dedo) point 54
senda, la path 51
sentarse sit* 63
ser be* 8
servilleta, la napkin 47
siempre always 4
siesta, la nap 47
silbato, el whistle 78
silla, la chair 16
silla de montar, la saddle 59
silla de ruedas, la wheelchair 78
sillón, el armchair 5
sobre over 49
sobre, el envelope 27
sofá, el sofa 65
sofá, el couch 20
soga, la rope 58
sol, el sun 69
sombra, la shadow 61
sombrero, el hat 35
sombrero de copa, el top hat 73
soñar dream* 24
sonreír (se) smile 64
sonrisa, la smile 64
sonrojarse blush 11
sopa, la soup 65
soplar blow* 11
sostener hold* 36
suave soft 65

sube y baja, el seesaw 61
subir (se) climb 17
submarino, el submarine 68
suciedad, la dirt 23
sucio/a dirty 23
sucio/a messy 45
suelo, el ground 34
sueño, el dream 24
suéter, el sweater 69
superficie, la top 73
supermercado, el supermarket 69

T

tabla, la board 11
tablero, el bulletin board 13
tallar carve 15
taller, el workshop 79
tallo, el stem 67
tamaño, el size 63
tambor, el drum 25
tarde late 41
taxi, el taxi 70
taza, la cup 21
tazón, el bowl 11
té, el tea 70
techo, el ceiling 16
tejado, el roof 58
tejer knit* 40
tela, la cloth 18
telaraña, la cobweb 18
telaraña, la spiderweb 66
teléfono, el telephone 70
televisor, el television 70
temprano early 26
tenedor, el fork 31
tener have* 35
tenis, el tennis 71
tentáculo, el tentacle 71
termómetro, el thermometer 71
ternero, el calf* 14
tesoro, el treasure 74
tía, la aunt 6
tiburón, el shark 61
tiempo, el time 72
tiempo, el weather 78
tienda, la shop 62
tienda de campaña, la tent 71
tienda de comestibles, la grocery store 34
Tierra, la Earth 26
tigre, el tiger 72
tijeras, las scissors 60
timbre, el doorbell 24
tinta, la ink 38
tío, el uncle 75
tira cómica, la cartoon 15

tirar throw* 71
tirar de pull 55
títere, el puppet 55
tiza, la chalk 16
toalla, la towel 73
tocador, el dresser 25
tocar play 53
tocar ring* 57
todo/a all 4
tomar drink* 25
tomar take 70
tomate, el tomato 72
tonto/a foolish 30
tormenta, la storm 68
tornado, el tornado 73
tornillo, el screw 60
toro, el bull 13
toronja, la grapefruit 33
torre, la tower 73
torta, la cake 14
torta de cumpleaños, la birthday cake 10
tortilla de huevos, la omelet 49
tortuga, la turtle 74
toser cough 20
tostada, la toast 72
tostadora, la toaster 72
trabajar work 79
tractor, el tractor 73
traje, el suit 69
traje de baño, el bathing suit 8
traje de baño, el trunks 74
trampolín, el trampoline 73
transparente clear 17
trapecio, el trapeze 73
trapo, el rag 56
tren, el train 73
trenza, la braid 12
triciclo, el tricycle 74
trigo, el wheat 78
trineo, el sled 64
triste sad 59
trofeo, el trophy 74
trombón, el trombone 74
trompa, la trunk 74
trompeta, la trumpet 74
trompo, el top 73
trono, el throne 71
trotar jog 39
tuba, la tuba 74

U

último/a last 41
uña, la fingernail 28
unicornio, el unicorn 75
uniforme, el uniform 75

usar use 75
uso, el use 75
uva, la grape 33

V

vaca, la cow 20
vacío/a empty 26
valle, el valley 75
vaquero, el cowboy 20
vaso, el glass 32
vegetal, el vegetable 76
vela, la candle 14
velero, el sailboat 59
venado, el deer* 22
venda, la bandage 7
vender sell* 61
venir come* 19
ventana, la window 79
ventilador, el fan 27
ver see* 61
veranda, la porch 54
verano, el summer 69
verde green 34
vestido, el dress 24
vestirse dress 24
vestirse wear* 77
veterinaria, la veterinarian 76
veterinario, el veterinarian 76
vidrio, el glass 32
viejo/a old 49
viento, el wind 79
violín, el violin 76
vivir live 43
volar fly* 30
voleibol, el volleyball 76
voltereta, la somersault 65

X

xilófono, el xylophone 80

Y

yema, la yolk 80
yeso, el cast 15

Z

zambullirse dive* 23
zanahoria, la carrot 15
zancos, los stilts 67
zancudo, el mosquito 46
zapato, el shoe 62
zoológico, el zoo 80
zorrillo, el skunk 63
zorro, el fox 31